國家社科基金重大項目（10&ZD104）

上海師範大學古籍整理研究所編
項目首席專家、主編　戴建國
主編　朱易安　傅璇琮　周常林

国家出版基金项目
NATIONAL PUBLICATION FOUNDATION

全宋筆記

第八編

一

大象出版社

顧　　問　王水照　朱瑞熙　徐　規　李裕民

項目首席專家、主編　戴建國

主　　編　朱易安　傅璇琮　周常林

編纂委員會（以姓氏筆畫爲序）

王劉純　朱易安　李亞娜　周常林　俞　鋼　查清華

徐時儀　陳　新　張劍光　傅璇琮　虞雲國　戴建國

序

傅璇琮

上海師範大學古籍研究所於二十世紀九十年代後期就開始創議編纂《全宋筆記》，並將這一設想與專家們磋商、交流，立即得到文史學界的認同與支持，學者們不僅對這一計劃提出不少寶貴的建議，有些還積極參與具體的點校工作。此後，這一項目又得到教育部高校古籍整理研究工作委員會的大力支持和幫助。這樣，這套《全宋筆記》就作為上海師大古籍研究所的重點科研選題，在校内外共同合作的基礎上，積極進行。歷經數年寒暑，現在第一編書稿，即從宋初的《北夢瑣言》起，至北宋中期的《月河所聞集》，約近五十種，已編定付印，即將面世。由此起步，編委會與大象出版社密切配合，按預定計劃，每年分編出版，爭取在五六年内將現已大致確定的約五百種宋人筆記全部整理完成，齊全出書。

中國古代筆記的整理出版，二十世紀五十年代起，就受到出版界的關心和支持。上海古籍出版社前身，即上世紀五六十年代的古典文學出版社（中華書局上海編輯所），就出版過好幾種唐宋筆記，如《隋唐嘉話》、《大唐新語》、《唐國史補》、《唐摭言》、《雲麓漫鈔》、《南部新書》等，同時還印有《明清筆記叢刊》。北京中華書局則於同一時期編印有

《元明史料筆記叢刊》、《清代史料筆記叢刊》、《近代史料筆記叢刊》。近二十年來，筆記的出版則更多，上海古籍出版社在已有基礎上，更計劃編印「歷代筆記小説大觀」，上起漢魏，下迄清末，按漢魏六朝、唐五代、宋元、明清，分批出版。中華書局則除已有的元明、清代、近代外，又增設《唐宋史料筆記叢刊》，已出有四十餘種。其他出版社也陸續有單本筆記問世，如文學性強、頗有閲讀興味的晚明小品文性質的筆記《陶菴夢憶》、《西湖夢尋》等，已有好幾家出版社出版。

以上情況，應當説促使人們對這方面的文獻整理有進一步通盤的考慮，即擴大範圍，加强計劃性，注意對某一朝代、某一歷史時期的筆記著作進行系統、完整的輯集。這也就是《全宋筆記》的編纂設想得到學界與出版界首肯的基本原因。現在，除了這套《全宋筆記》外，學術界又有提出編《全唐五代筆記》，以與《全唐五代詩》、《全唐五代詞》、《全唐五代小説》配合(見《古籍整理出版情況簡報》二〇〇二年第三期《唐人筆記亟待整理》)。現在《全唐五代筆記》已由原湘潭師範學院(現合并於湖南科技大學)中文系承擔，正在起動中。可以期望，辽金元、明、清各朝筆記總集的編纂，當也能引起相應的關注。

這應當説是二十一世紀古籍整理研究的一個新界。以宋代文獻來説，總集方面已出版的，先後有《全宋詞》、《全宋詩》、《全宋文》，《全宋筆記》整理完成，則宋代文學的文獻資料，基本上就能呈現出一個完整的概貌（當然還可考慮輯集宋元話本小説）。由《全宋筆記》起動，引起其他歷史時期筆記總集的整理、出版，其意義當不僅限於文獻整理，應當説，這將會引起對筆記這一傳統門類作現代科學含義的總體探索。過去很長時期，與詩、文、詞、小説、戲曲等相比，筆記的研究是相對薄弱的，現在我們應當把筆記的系統研究提到日程上來。當前的筆記研究，可以考慮的，一是將筆記的分類如何從傳統框架走向現代規範化的梳理，二是如何建立科學體系，加强學科意識，把筆記作為相對獨立的門類文體進行學科性的探究。

「筆記」一詞，倒是很早就出現的，南朝蕭梁時劉勰《文心雕龍》在《才略》篇中，論建安時期作家時，説陳琳、阮瑀「以符檄擅聲」，徐幹「以賦論標美」，劉楨情高，應瑒學優，然後説：「路粹、楊修，頗懷筆記之工；丁儀、邯鄲，亦含論述之美。」此處的筆記、論述，是與詩賦等韻文對稱的散文文體，雖然與後來唐宋時期的筆記，概念不同，但劉勰未將筆記與小説相連，是頗有識見的。因為在中國傳統目録分類中，從來就不將筆記作為一個獨立門類來處理，而在具體論述中，又往往將筆記歸屬於小説，有時則統稱為筆記小説。如明代胡應麟《少室山房筆叢》卷二十九丙部，將小説分為六類，前兩類是志怪、傳奇，後四種為雜録（《世説新語》、《唐語林》等）、叢談（《容齋隨筆》、《夢溪筆談》等）、辨訂（《鼠璞》、《鷄肋編》等）、箴規（《家訓》、《世範》等）。這後四種所舉的書名，實際上即是現代意義的筆記。又如明顧元慶所輯《顧氏文房小説》，就收有唐劉餗《隋唐嘉話》、宋龔頤正《芥隱筆記》等；同是明人的商璿，其小説類叢書《稗海》，即收有宋人筆記四十八種，及宋人詩話二種。民國時期進步書局輯印的《筆記小説大觀》，更收有不少唐宋筆記。

宋洪邁《容齋隨筆》，其卷首自序謂：「予老去習懶，讀書不多，意之所之，隨即記錄，因其後先，無復詮次，故目之曰隨筆。」這就是説，筆記乃讀書所得，見聞所及，隨筆雜錄，不分先後，文筆自由，不拘形式。至於筆記的内容，唐李肇《國史補》在其短序中則有較確切的概述：「紀事實，探物理，辨疑惑，示勸戒，采風俗，助談笑。」首次以「筆記」命名的北宋宋祁《宋景文筆記》，其書分三卷，上卷稱釋俗，中卷稱考訂，下卷稱雜説，全書大多為考訂名物音訓，評論古人言行，雜采文章史事。這些都應當説是符合我們現代意義的筆記内涵的。但筆記的分類歸屬，在古代書目著錄中，卻極為紛雜。

中國古代目錄著作，自《隋書・經籍志》確定以經史子集為四大部類，至清《四庫全書總目》，歷一千四百年，經過不斷調整，已正式固定，成為典範。當然，現在編制古籍書目，從傳統習慣來説，是可以繼續使用這四部分類法的，但我們現在對古代文化與典籍文獻的研究，則應從現代科學分類的概念出發，而不能受四部分類的限制。如四部之首的經部，其《詩經》類，應屬於文學研究；《易經》類，應屬於哲學研究；《書經》類，應屬於歷史學研究；《小學》類，應屬於語言文字學研究。因此我們現在把筆記研究作為一門學科，就應擺脱傳統的框架。

前面説過，古代目録書中從未將筆記列為專類，但仍録有不少筆記書，不過對筆記的分類，並未有固定、明確的準則，有時甚至將同一書分列於兩個部類。如唐劉餗《大唐新語》，《新唐書·藝文志》，將其一屬於史部雜傳記類（《新唐書》卷五十八），一屬於子部小説家類（《新唐書》卷五十九）。清朝官修的《四庫全書總目》，則更為繁雜，如我們這次收入第一編的兩種筆記，《洛陽搢紳舊聞記》與《五國故事》，都系雜記五代舊事，不過一是記洛陽，一是記四川及江南，體裁相同，而《四庫全書總目》卻將前者列入子部小説家類，後者列入史部載記類。怪不得南宋文獻目録學家鄭樵早就説過：「古今編書，所不能分者五，一曰傳記，二曰雜家，三曰小説，四曰雜史，五曰故事，凡此五類之書，足相紊亂。」（《通志·校讎略》）

這裏還可舉一些例子，以備今後對筆記分類作歷史的考察。以唐宋筆記來説，《四庫全書總目》將裴廷裕《東觀奏記》、余知古《渚宫舊事》、王栐《燕翼詒謀録》等列為史部雜史類，范成大《吴船録》、陸游《入蜀記》列為史部傳記類，龍衮《江南野史》、鄭文寶《江表志》、周羽翀《三楚新録》列為史部載記類，龔明之《中吴紀聞》、周去非《嶺外代答》、周密《武林舊事》列為史部地理類。子部則更不易辨别，如《東觀餘論》、《靖康湘素雜記》、《能改齋漫録》、《容齋隨筆》、《野客叢書》等，列為子部雜家類雜考，《封氏聞見記》、《石林燕語》等，列為子部雜家類雜説，而與《封氏聞見記》、《東坡志林》、《容齋隨筆》體裁相同的《唐國史補》、《涑水記聞》、《東齋記事》、《唐語林》等卻又另列入子部小説家類。《四庫全書總目》在《中吳紀聞》提要中曾明確提及，此書「仿范純仁《東齋紀事》、蘇軾《志林》之體」，而實際上此三書，卻分屬三類，即分列於史部載記類、子部雜家類、子部小説家類。如果我們按傳統目錄框架來取捨筆記，恐怕就很難措手。就是説，我們現在研究古代筆記，不能抛開傳統目錄著作，但不能受這些框架限制。這次《全宋筆記》所輯五百種筆記，其涵蓋的門類是相當廣的，這也促使人們意識到文獻整理與研究有機結合的必要。

關於筆記的研究，應當説，現在還是起步階段，有不少問題，還需作認真探討，如中國古代筆記的淵源和分類，筆記與其他文體的關係，其自身的歷史發展階段，它所包含的史料價值和文化意義，等等。至於宋代筆記，也已開始受到人們的注意。過去有的論著曾把魏晉至明清的筆記分為三大類，即小説故事類、歷史瑣聞類、考據辨證類（參見劉葉秋《歷代筆記概述》，中華書局，一九八〇年六月）。當然，按學科來説，還可再加細分，但這三大類大致的框架是可以成立的。比較起來，宋人筆記，小説的成份有所減少，歷史瑣聞與考據辨證相對加重，這也是宋代筆記的時代特色與歷史成就。限於篇幅，這裏不可能對宋代筆記作全面的介紹與評論。我這裏有一個建議，即待此書全部完成後，可以再作兩件事，一是將所收五百種筆記的點校説明，再加補充、訂正，匯為一編，這實際上是繼清修《四庫全書總目提要》以後，另有一個新編的《宋人筆記總目提要》，以使今天的研究者能了解和掌握宋代筆記的全貌；二是結合筆記文獻的特點，對整理工作經驗作一系統的總結，如底本的選擇，校讎的趨向，本事考證的取捨，傳統目錄分類的探討，等等，並在此基礎上，就文史結合的角度對筆記（不限於宋代）的史料價值和文化涵義作較深的理論探討。

應當説，宋人筆記的價值與意義，是很值得研究的，有些恐怕我們現在還未有充分的認識。如北宋的《夢溪筆談》，其中記載畢昇發明活字印刷，其在中國印刷史上的史料價值已廣為人所知，而外國學者李約瑟博士在其所著《中國科學技術史》中，更對《夢溪筆談》有關自然科學方面的記載，檢出二百多條，並認為涉及數學、天文學、氣象學、地質和礦物學、物理學、灌溉和水利工程學、農藝學、醫藥和製藥學等（第一卷第六章，見科學出版社一九七五年一月中譯本）。這種從現代科學觀念來探索這部筆記的史料價值，對我們是頗可借鑒的。又如南宋末周密所作《武林舊事》，《四庫總目提要》確認並肯定「是書記宋南渡都城雜事」，「目睹耳聞，最為真確」，但我們現在還可以從廣闊的社會背景對書中所記的「雜事」作一次文化考察：如卷六《諸色伎藝人》記錄有四百八十位民間藝人姓名，同卷《諸色酒名》記有五十四種酒名，同卷《糕》條記當時臨安（杭州）民間富有特色的食品糖糕、蜜糕、粟糕等十九種，同卷《書會》記錄臨安市内六個書會成員姓名或綽號，卷一〇《官本雜劇段數》記錄南宋當時官本雜劇劇本二百八十部，這些都是官方正史或作家專集都未曾記有的。如像考古工作那樣，我們可以從中挖掘出過去未曾發現或未予重視的文物資源。又如我們研究宋代詩文，也可以從筆記中查獲不少材料，現在新編的《全宋詩》、《全宋文》，其中相當多的作品就是從宋代筆記中考索出來的，《四庫總目提要》在談及《武林舊事》時就特別提到：「南宋人遺篇佚句，頗賴以存。」

又如宋代科舉，在整個中國科舉史上有其特殊地位，其登科人數是歷朝最多的。幾年前我與浙江大學古籍研究所學者龔延明、祖慧等合作，編撰《宋登科記考》，曾多次從宋人筆記中檢尋出極有用的材料。如洪邁《容齋隨筆》卷一三《金花帖子》條，謂北宋真宗咸平元年孫僅榜五十人，其中提及「自第一至十四人，唯第九名劉爗為河南人，餘皆貫開封」。此劉爗為其他史籍未載，據此可補咸平元年登科錄。又如宋李燾《續資治通鑑長編》卷二四，記太宗太平興國八年三月乙酉：「斬孟州進士張兩。」而《容齋隨筆》卷一三《下第再試》條，也記述宋太宗怒斬「孟州進士張兩光」，據此可補《長編》之缺字。又北宋太宗朝開始，唱名賜進士第後，皇帝特賜進士御詩，這是宋科舉試的一次創例，而王辟之《澠水燕談錄》卷六《貢舉》條明確記為：「賜詩自興國二年呂蒙正榜始。」又如《宋史》卷四四〇《文苑傳》載柳開應舉，只簡云「開寶六年舉進士」一句，而葉夢得《石林燕語》則詳記柳開此次應舉，最初為「被黜下第」，後為宋太祖「特賜及第」，可見不是一般性的應試及第，此可補正史之不足。又如仁宗嘉祐二年（一〇五七）科試，宋《咸淳臨安志》卷六一《國朝進士表》及清修《福建通志》均載是科登第者有葉温叟，但僅簡記其姓名，而葉夢得《避暑録話》卷下則有具體記載，記其與蘇軾同年登第及此後與蘇軾的交往（參見傅璇琮、龔延明合撰《〈宋登科記考〉劄記》，載《新宋學》第一輯，上海辭書出版社二〇〇一年十二月）。

這裏還應一提的是，近十餘年來出版的幾部中國文學史著作，在論及宋代文學時，已把筆記作為宋代散文的一種文體，稱「宋代散文中還出現了獨具一格的筆記文，這種文體長短不拘，輕鬆活潑，是古代文體解放的重點標志」，特别是南宋時期，如陸游《老學菴筆記》《入蜀記》、范成大《吴船録》，以及吴曾《能改齋漫録》、王明清《揮麈録》、羅大經《鶴林玉露》等，都列入文學史論述的範圍，認為在宋代文學史上應佔一席之地（參見袁行霈主編《中國文學史》第五編，高等教育出版社，一九九九年八月；孫望、常國武主編《宋代文學史》下册第一章，人民文學出版社，一九九六年九月）。不少古典文學論著已提出宋代筆記已是晚明小品的先驅。另外，宋代詩話的體裁也受筆記的影響，不少筆記就有評詩記事之作，如《四庫全書總目》列為子部雜家類的陳郁《藏一話腴》，《提要》稱其「多記南北宋雜事，間及詩話」；現在也有把《藏一話腴》列為宋詩話的。這樣，古典文學界已把筆記作為文學類的一種文體，與詩、文、詞、曲及詩文評并列，這確有益於拓展筆記研究的視野。

關於編纂中的具體問題，本書的《編纂説明》，已有述及，這裏不再贅述。本書所收的面較寬，把符合於筆記體裁的著作盡可能收輯起來，以省卻讀者的翻檢之勞，但有些專題書，如詩話、語錄，以及譜錄類的茶經、畫譜等，其形式雖近於筆記，實質為專書性質，為收錄標準規範起見，仍不予收錄。至於收錄的時代斷限，凡由五代入宋，而其成書在宋建國以後的，則輯入。如列於本書首部的《北夢瑣言》，著者孫光憲，長期仕宦於五代後期荆南高季興，後隨高氏入宋。《四庫總目提要》據其書名「北夢」，以為比喻荆州，就定此書「仕高氏時作」。其實根據當今研究，其最終成書，在入宋以後。又如周密，為南宋人，而其《武林舊事》作於宋亡入元以後，但其書主要仍記故都臨安舊事，故與其所著《齊東野語》、《癸辛雜識》均收入本書。可見，整理工作中時代斷限問題必須與考證、研究相結合。

作為一代筆記的匯集，其整理原則，應是一求全，二求正。求全，前已約述，在這方面，全確是有其優勢的。如中華書局的《唐宋史料筆記叢刊》，至今已印有四十餘種，但與這部《全宋筆記》相比，如本書第一編，自宋初《北夢瑣言》至北宋中期司馬光《涑水記聞》，收有三十多種，而同一時段，中華書局出版的僅有五種，其匯集的長處就自然顯示出來。至於求正，則要求文字、標點方面，力求無誤，提供一種信實的版本。宋人筆記，涉及不少史事，其中也有記事之訛及評議之誤，如果有人作專書整理，可以下工夫進行考訂、校正，這對研究者極有用，如周勛初《唐語林校證》、劉永翔《清波雜志校註》，都極見功力。但匯集不可能如此作，這是總集匯集編纂的通例。這裏要提的是，筆記由於記事雜，且所記多為口語俗事，因此文字的訂正與句斷的準確，難度較大，這方面有時比詩文總集的編纂更難。已出版的筆記，其中文字與標點訛誤，經人指摘、批評的，相當多。李一氓先生於上一世紀八十年代擔任古籍整理出版規劃小組組長時，曾囑咐小組辦公室將古籍整理（包括標點、校勘、註釋、今譯）的批評性文章，匯編成《古籍點校疑誤匯錄》，由中華書局陸續出版。從已出版的六册中，有關筆記點校失誤的書評就很多，而且大部分是關於宋代筆記的。由此也可見出本書整理點校工作的艱辛。

這裏我想再提兩事。一是多年從事古籍整理研究的資深編審陳新先生，受大象出版社的兼聘，對本書認真通讀，嚴謹審閱。陳新先生長期在人民文學出版社編輯部工作，八十年代後期起，作為《全宋詩》的主編之一，又好幾年參與《全宋詩》的編纂，極有閱稿、審訂的經驗。二是大象出版社得悉《全宋筆記》的編纂信息，就立即與上海師範大學古籍研究所聯繫，他們從文化積纍與學術建設的大計出發，毅然承擔這一艱巨的出版任務，再次顯示其多出文化精品、傳揚中華文明的抱負和氣概，確令人敬佩。我想借此向大象出版社領導及其他有關同志深致謝忱。

二〇〇三年五月

編纂説明

宋人筆記是宋代文獻的重要組成部分，數量龐大。據初步統計，現存宋人筆記約有五百餘種，内容幾乎涉及宋代社會的各個領域，具有較高的史料和文化價值。

目前學術界和出版界已對一批主要的宋代史籍和詩文進行了整理，出版有《全宋文》、《全宋詩》、《全宋詞》。新中國成立以來，尤其是二十世紀八十年代後，學術界和出版界日漸重視對宋人筆記的整理工作，如中華書局編輯出版的《唐宋史料筆記叢刊》、上海古籍出版社的《宋元筆記叢書》等。但迄今為止，尚無一部系統整理過的收羅齊全的宋人筆記總匯。因此，對現存所有宋人筆記進行系統整理，編輯出版一部《全宋筆記》，是一項很有價值的學術活動。《全宋筆記》整理出版後，連同《全宋文》、《全宋詩》等，宋代經整理的文獻資料基本上能呈現出一個完整的概貌，這對於發掘和發揮這批文獻的價值，方便學術研究，保存祖國文化遺産，弘揚祖國優秀文化，無疑有着積極意義。

上海師範大學古籍整理研究所在程應鏐等老一輩學者的率領下，曾經整理出版過《宋史》、《續資治通鑑長編》、《文獻通考》等大型宋代史籍。多年來在宋代古籍整理方面積纍了一定的資料和經驗。上世紀八十年代後期，在全國高等院校古籍整理研究工作委員會支持下，我們曾開展過用計算機對宋人筆記進行系統檢索的科研嘗試工作。經過多次討論和論證，我們將工作重點放在了宋人筆記整理方向上。我們選了二十種宋人筆記進行試點，以《宋人筆記集成》為名申請立項，獲得全國高校古籍整理研究工作委員會的資助。在整理此二十種宋人筆記基礎上，我們將整理範圍進一步擴大到所有現存宋人筆記，製定了全面承擔《全宋筆記》校點整理的工作計劃，對現存五百種宋人筆記進行系統整理，計劃分十編出版，每編收錄五十種左右宋人筆記。我們打算用五六年時間完成這項富有意義的工作。

我們的工作從一開始就得到了全國高校古籍整理研究工作委員會的指導和大力支持。我們的計劃和試點工作也得到了上海師範大學人文學院領導的關心和肯定。國內外許多專家學者給予了熱心的支持和幫助，向我們提出了不少指導性的建議。上海圖書館、復旦大學圖書館、華東師大圖書館、上海師大圖書館等單位為我們的工作提供了極大方便。此外，我們的整理工作還借鑒利用了不少學者的成果。大象出版社在日益市場化的出版形勢下，從整理國故，傳承文化遺產出發，毅然挑起了出版《全宋筆記》的重擔，解決了我們的後顧之憂。在此，我們謹向來自各方面的支持和關心表示誠摯的謝意。

關於本書的編纂體例，特作如下説明：

有關「筆記」的涵義，學界看法不一，我們取以下之説：筆記乃隨筆記事而非刻意著作之文。本書所收者，以宋人著述的筆記專集為限，未成專集的，散見的單條筆記不在整理之列。筆記叙事雖或有所側重，然其内部並無嚴密體系，各條記事互不相關，表現了其信筆劄錄，叙事紛雜的特性。故凡題材專一，體系結構緊密的專集，雖亦有逐條叙事者，則已非隨筆之屬，如專門的詩話、語錄、譜錄類的茶經、畫譜、名臣言行錄、官箴等，不在收錄之列。

宋人已有把當世筆記分類彙編成册者，如《類苑》之類。後人亦有《宋稗類鈔》、《宋人軼事彙編》等，此種書籍亦不收錄，但可從中輯佚，以補現存版本之缺。

本書所收筆記以宋朝人所撰為限，與宋朝同時的辽、西夏、金等少數民族政權所屬作者之筆記不收。本書收錄斷限，凡五代入宋以後有筆記者，則連帶收其入宋前的筆記。宋亡以前有筆記者，連帶收其入元後的筆記。

本書按作者世次分編出版，原書不存而由他書輯得者，則編入末編。

本書編次，原則上以作者生年先後為準；不知生年的，則參以科舉及第之年；未曾登第的，參以入仕之年；以上皆無考者，則以卒年為準；佚名或無生卒爵里可考者，依筆記反映的與作者同時人的生活年代依次排列。然完全依作者的世次排列，會導致每册書篇幅大小不一。故按出版要求，對作者的排序作適當調整，以求得每册書篇幅相對均等。

每部筆記均由整理者撰寫一篇有學術價值的點校説明，内容包括作者小傳（凡正史有傳者，則略言之）、成書經過、内容評價、版本情況及源流、所用底本及校勘概況等等。

本書的編纂宗旨在於為學術界提供一套收羅齊全，便於查找和使用的宋人筆記資料。故全書不作繁瑣校勘，以是非校為主。筆劃小誤顯係誤刻、誤抄者，徑改之，不出校。其他錯訛，據版本或他書校正，並附簡明校勘記。所用工作底本以常見的通行本為主，以有價值的本子參校。

本書采用繁體字豎排，新式標點。原書有標目者，仍沿其舊；無標目者，不再擬定。段落文字過長者，據内容酌情分段。各書視具體情況編制目録，列於書首。如屬殘佚之書，則廣加搜羅逸文，盡可能從類書或他書中輯佚，補録於書末，並注明出處。

古籍整理工作是一項嚴肅而慎重的學術事業，任重而道遠。希望我們的工作能對學界有所補益。同時，我們也真誠地企盼學界同仁和讀者對我們工作中的錯誤和不足之處提出寶貴意見。

上海師範大學古籍整理研究所

二〇〇三年八月

目録

⊙周　密　撰

雲煙過眼録

黄寶華　整理

點校説明

《雲煙過眼録》，周密撰。周密生平已見《齊東野語》點校説明。是書專門著録字畫、法書及古玩等藝術品，間亦附有品評文字，其内容與《志雅堂雜鈔》中的「書畫碑帖」、「諸玩」、「寶器」之部多有重出，唯《志雅堂雜鈔》以日記形式出之，此書則按藏主名號編排，以下臚列其藏品。據此，四庫館臣稱《志雅堂雜鈔》「疑爲初記録之稿本」（《四庫全書總目·子部雜家類存目》提要）。書名蓋取自蘇軾《寶繪堂記》之「譬之煙雲之過眼，百鳥之感耳」，故其所載不僅意在留存書畫文物聚散流轉之信息，也寄託了作者的故國喬木之思，從中映現出易代之際的文人心態和嬗遞之跡，頗具考據與史學價值。

諸家目録所載此書卷數不一。錢曾《讀書敏求記》録有元至正間夏頤鈔本，國家圖書館藏有明馮舒所鈔本。今常見版本有二卷本及四卷本。二卷本有清光緒間由陸心源刻入《十萬卷樓叢書》之本，除正文二卷外，又有《續集》，題「逢澤湯允謨仲謀著」，書後有林村跋。此本雖摻入他人之語，但較他本完備。又，南京圖書館藏有清同治間佚名鈔校本，亦屬二卷本系統。四卷本有明萬曆間陳繼儒所輯《寶顔堂秘笈》本，此本亦附有《續録》，但闕漏舛訛較多。《四庫全書》所收即爲此書。

此次整理以陸心源《十萬卷樓叢書》本爲底本，校以《寶顔堂秘笈》本，並以文淵閣《四庫全書》本參校。鄧子勉先生曾有此書之點校本，收入二〇〇〇年遼寧教育出版社出版之《新世紀萬有文庫》，其點校成果爲本書多所採録，特此致謝。

目録

卷上

蘭坡趙都丞與懃所藏

名書

漢張芝《久問帖》。

魏鍾元常《賀捷議事表》。

晉王右軍《鶺鳥帖》，《快雪時晴帖》，《玉枕帖》，《官舍帖》，《奉告帖》，《瞻近帖》，《東方朔畫讚》。

王導《省示帖》。

王大令《可必帖》，《洛神賦》，《動靜帖》，《勝常帖》，《未避》、《共事》二帖，《書謝安碑》真蹟。

謝太傅《八月五日帖》。

索靖《出師頌》。或云蕭子雲。

晉人小楷《曹娥碑》。

孫綽《蘭亭述》。

王廙《仲春帖》。

蕭子雲《急就章》。

梁阮研《異事帖》。

王僧虔《陳情帖》。

謝靈運《古詩帖》。

隋僧智永《法華經》，《春雨帖》。

唐代宗《守歲詩》。

虞世南《孔子廟堂碑》真蹟，《與僧帖》。

褚遂良《臨丙舍帖》，小楷《心經》，《高僧帖》，《臨蘭亭序》。

歐陽率更《卜商帖》，《鄭封奕事實》，《陰符經》，草書《策路帖》，《性慈帖》，《書乩古》。

孫虔禮《書譜》。

陸柬之行書《千文》，《保安帖》，《書蘭亭詩》。

裴行儉《千文》。

唐人雙鈎《蘭亭》。

唐人臨《黄庭經》。

湯普徹臨《蘭亭》。

唐景審臨《黄庭經》。

唐高閑上人《千文》。

唐人書《月儀帖》。

唐薛河東書《心經》。

張廷範《謝安帖》。廷範伶人。

唐橅《戎路帖》。

唐雙鈎《王洽帖》。

唐臨《十七帖》。楊漢公筆。

唐人真草《千文》。

唐臨右軍《頤神帖》。

唐臨右軍《稚恭帖》。

橅右軍《孫氏帖》。

唐橅右軍《備感帖》。

唐臨右軍《吴興帖》。

唐臨大令《和汝帖》。

唐橅右軍《周大嫂帖》。

柳公權書《多心經》，《陰符經》。

唐人書《樂毅論》。或云虞世南臨。

李邕書《長短句》，《口味帖》。

吴融《博士帖》，《詩帖》。

唐橅褚亮《豪傑帖》。

唐臨羊欣《移居帖》。

顔魯公《自書告》，《頓首夫人帖》，《顔元孫帖》，《湖州帖》。

唐人書《宰臣除拜録》。

賀知章《詩帖》，《千文》。

唐僧齊己《懷廬岳詩》。

張旭《論書帖》，《玉壺帖》，《書陳羽古意》。

唐憲宗《手勑》。

洪贇書《放生軌儀》。

唐人《出紙帖》。

郤仲恭《雜帖》。

唐橅《九正異熱帖》。

《屬少府帖》。

徐浩書《李氏告》。

李頎橅《贈别詩》。

懷素書《大風歌》，《猛虎吟》，《感春詩》，《自詠詩》，臨右軍《種藥帖》，《論書帖》，《松風帖》。

唐韋瓘真草《千文》。

唐胡英《孤山詩》。

唐《吐蕃首領告》。

楊景度《三住銘》，《雜詩》，《珊瑚帖》。

李後主《道院碑》，《歸命帖》。

李景讓手簡。

真照臨《劉中使帖》。

杜祁公衍帖。

富鄭公弼帖。

蘇才翁墨蹟。
悉悉國王書。
王荆公《胡笳集句》。
蔡忠惠、米襄陽、胡安定雜手簡。
仁宗御書飛白記。
司馬温公《通鑑稿》。
張文潛雜诗。
秦少游手簡。
至道中公案。
鄒忠公誥論。志完。
十相帖。
章惇疏【一】。
李西臺《擬元封詩》,《使淮詩》,《早年帖》。
米元章臨《破羌帖》,《北窗詩》,小楷《千文》,《襄陽曲》。
尹和靖焞書《西銘》【二】。
蘇東坡書《韓文公廟碑》真蹟,詞翰長短句,《與張厚之》手簡,《興龍節樂語》,前、後

【一】章惇疏　此條原無,據清鈔本補。
【二】尹和靖焞　「焞」原作「惇」,誤。案:尹焞(一〇七一—一一四二),字彦明,靖康初賜號和靖處士,紹興初召爲崇政殿説書,世稱和靖先生。

《赤壁賦》，《煙江疊嶂圖詩》，《魚魫冠頌》，《試諸葛氏筆》，《書鮮于子駿事》，《宜州家書》，《家書三帖》，《湖州墨妙亭詩》，《超然臺賦》，《人參賦》，《顏樂亭詩》，《眼藥方帖》，《書六賦》，《與惠勤詩》，《墨君堂詩》，或云《墨妙亭詩》。《海市詩》，《遊徑山詩帖》，《懷内帖》，《詩翰》，《蘭芳楚辭》。

黄山谷書《大戴禮》，《田園樂詩》，《嘲熱客吟》，臨顏魯公《祭伯父文》，書《范文正公廟詩》，《校韓魏公詩卷》，《寄老菴枯木賦》，《跋頤真墨鬼》，一作「黑兔」。《書東坡文》，《漁父詞》，《禪語》，《别官賦》，《大孤山詩》，《醉中歌》，《壯遊詩》，《古德頌》，《楞嚴咒》。

名畫

梁元帝《蕃客入朝圖》。

陸探微《降靈文殊》。

尉遲乙僧《龜兹舞女》。

曹弗興《兵符圖》。

張僧繇《大力菩薩》，《五星二十八宿》，《高僧像》。

展子虔《五星》。

顧愷之《初平起石圖》，《列女圖》。

唐閻立本《太宗步輦圖》，《神駿圖》，《維摩像》。

閻立德《掃象圖》。

唐人《明皇宴遊圖》。

王維《異域圖》，《漁父》，《孟浩然像》，《行道僧》。

周昉《天官像》，《橫笛士女》，《龍女問道》，《渾侍中宴魚朝恩圖》。

盧楞伽《維摩像》。

張萱《虢國夫人夜游圖》，《乳抱嬰兒》。

戴嵩《牛》，《春景牧牛》，《牧童弈棋》。

韋偃《牧馬圖》。

陳閎《二駿》。

韓幹《騎從圖》，《五陵游俠圖》，《雙馬圖》。

周文矩《高閒圖》，《鍾馗像》，《火龍烹茶》【三】，《韓熙載夜宴圖》，《桓温鑒容圖》。

邊鸞《芭蕉孔雀》，《囀禽圖》。

胡瓌《獵騎》，《牧馬圖》。

李景道《會友圖》。一作「景元」。

劉商《十八拍》。

胡虔《蕃部卓歇》。

【三】火龍烹茶　「火」原作「大」，據清鈔本及《宣和畫譜》改。

張符《牧牛》。

李思訓《射雉圖》。

李昭道《摘瓜圖》。

李昇《春山游賞》。

韓滉《堯民擊壤圖》，《飛泉出峽圖》。

孫位《水官像》【四】。

顧德謙《舐犢圖》。

支仲元《四皓》。

勾龍爽《醉道釋士》。

趙德進《江山清潤》。

艾宣《寫生》。

王齊翰《高士圖》，《藥王像》，《修史圖》，《仙山圖》。

郭乾暉《架上鷂子》，《山鵶噪鷹圖》。

欒士宣《鵪鶉》。

刁光胤《蟬蝶茄菜》。一本無「胤」字。

陸文通《霧鎖秋林》。

【四】孫位水官像　此條原無，據清鈔本補。

張嘉《寫照謝自然》。

常粲《佛因地》。

賈祥《閱梵圖》。

陸瑾《水閣閒碁》。

孫可元《山寺晚照》。

陳坦《豐年圖》。

巨然《江山平遠》，《江山晚興》。

王士元《山水》。

梁揆《蓮溪漁父》。

陳慮《枯木山水》。

李延之《雙蟹》。

徐熙《杏花》，《折枝梅花》。

徐崇嗣《竹梢小禽》。

李後主《江山摭勝》。

張訓禮《調矢圖》。

關仝《深巖濺瀑》。

惠洪《秋塘》。

黄筌《王母會仙》。

黄居寀《寫生》。

董元《溪岸圖》，《煙嵐重溪》。

范寬《雪山》，《雪霽僧歸》，《秋山圖》。

郭熙《溪山》，《晚秋平遠》，《唤渡圖》。

許道甯《漁歌唱晚》，《層巒漁浦》。

宋廸《清江疊嶂》。

燕肅《秋山旅思》，《牛頭山圖》，《寒溪獨釣》。

易元吉《竹石雙猿》，《寫生雜菜》，《蟻陣圖》，《子母猿》，《獐猿圖》，《槲葉羣猿》，《子母戲猿》。

王晉卿《煙江疊嶂》，《連山絶澗》，《層巒古刹》，《溪山勝賞》四景圖。

李成《雪山行旅》。

崔白《魚》。一作「崔慤」。

范道士《牛》。

滕昌祐《鵞》。

黄居寶《秋塘聚禽》。

蔡天啟《三馬》。

李伯時《天神象》，《天育驃騎》，《村歌社舞圖》，《西旅獻獒》，《西帝宸遊》，《飛騎習射》，《嵩岳降靈》，《李白煙波風月》；臨顧愷之《女史箴》，《于闐獅子》，《陽關圖》，《歸去來辭》，《九歌圖》，《五馬》；臨周景元《佳麗圖》，《山莊圖》，一名「山居」。《冀缺圖》，《三馬》，東坡書贊。《會仙圖》，《天馬圖》，《家宅圖》。

喬仲常《蘭亭圖》，《高僧誦經》。

米元章《壯觀圖》并詩賦，《九老圖》，《海岳菴圖》，《瀟湘寺觀圖》，《南山萬松圖》。

蘇東坡《斷山叢篠》，《平岸古木》，《蘭竹蒼崖》。

米元暉《山水》，《江山霽日》，《湖山春曉》，「湖山」一作「苕溪」。《瀟湘妙趣》，《遠岫晴雲》，《村步曉峯》。

趙大年《小景》，《五柳圖》。

趙千里《扇暍圖》，《送劉寵圖》，《長江六月圖》，《白鹿木犀》，《赤壁圖》，《乘鸞女》。

僧梵隆《十哲圖》，《陽關圖》，《卞莊刺虎》，《護法神》，《明皇夜遊圖》，《擲果圖》，《三馬圖》，東坡《海神圖》，《清曠圖》，《歸去來圖》。

李唐《長夏江寺》，《晚霞横月》，《清曉卷舒》，《煙林春牧》，《江隄呼渡》，《江天暮雲》，《列子乘風》，《采薇圖》，《賀監遊湖》，《雪溪停棹》，《盧仝煎茶》。

李公年《踈林晚照》。

《竹石吴牛》。薛紹彭跋。

《諸國使相貌圖》。

楊補之寫《推篷圖》。

以上書畫止是短卷，大者不在此數，其中多佳品，今散落人間者往往皆是也。

喬達之簣成號仲山所藏

衞賢《高士圖》，上作楚狂接輿，下作伯鸞、孟光，妙。

智永真草《千文》，徽宗題，有「宣和」、「政和」印，「永興軍節度使」印，「韓侂胄」印。

吴道子《火星像》。

張符《牧牛圖》。

李思訓《溪山》，滿卷皆小景，甚奇。

張萱《彈琴宫女圖》。

王維畫《維摩像》，如生。

胡瓌《番騎卓歇》，佳。

貫休《羅漢》。

郭忠恕《飛仙故實》，界畫甚麄，山水佳。

董元《山水》。

巨然《溪山圖》四人撑一舟，甚佳。

李伯時畫《女孝經》，并自書經文，惜不全。

右各有宣和御題及「宣和」、「大觀」印，「睿思東閣」大印，其後歸金章宗，或剪去舊印，用「明昌御府」「明昌中秘」「明昌珍翫」「明昌御覽」大印。軸桿多檀香合成，蓋慮其久而不直故也。贉卷皆高麗紙，内數軸有「大金密國公樗軒收附」題字。

案間石屏一，其上横岫色如黛，林木蓊然，如着色元暉畫也，莫知爲何石。

一琴名冰清，唐開成中郭亮製，建中靖國修，製作、斷紋皆非常琴可擬。葉森于至元後戊寅歲秋見此琴【五】，在大街賣骨董康家。

汝窯爐一，瓶二，喝盆二，甚佳。

靈璧石一，甚佳【六】。

丁晞顏畫《孝經》【七】。

丁酉九月三日，王子慶攜陸探微《降靈文殊》來觀，後有高宗御題，本趙蘭坡物，喬仲山以十五錠得之，後爲游和尚所得，今歸張氏。大小人物共八十人，飛仙四，皆

【五】戊寅歲秋　「秋」原無，據寶顏堂本補。

【六】甚佳　「甚」原無，據寶顏堂本補。

【七】丁晞顏　「顏」原作「韓」，下有小字注：「一作顏。」案：作「顏」是。丁晞顏，一作丁希顏，書畫皆精，書法顏真卿，畫學李公麟，所畫《孝經圖》擅名于時，事見《圖繪寶鑒》卷三。

有妙處。内亦有番僧手持髑髏盂者，蓋西域俗然。此畫纖豪無遺恨，真奇物也。又李思訓《江山漁樂圖》，金章宗題，有「明昌」諸印。顔魯公《馬病帖》，高宗題簽。李唐畫《晉文公復國圖》，缺下卷，其上有思陵御題并三御璽。所作人物樹石絶類伯時，尋常以李唐爲院畫史忽之，乃知名下無虚士如此。元皆王子慶，今屬喬仲山。

焦達卿敏中所藏

晉王逸少《十七帖》真蹟五紙，《不出户帖》。「帖」一作「琴」。

唐孫過庭《書譜》上下全，徽宗滲金御題，前後「政和」、「宣和」印【八】。

古伯彝，正如一大青瓜，色碧可愛。

湯仲謀云：余至順壬申見南安總管趙伯昂所收古伯彝，蓋色光瑩如漆，内有文曰「古伯彝」，不審焦氏曾有蓋否。葉森幼年見焦公此鼎彝，正如前見同，當時即無此蓋。

鮮于伯機樞所藏【九】

《文思博要》「帝王部」一，唐類書也，所引《蓟子》、《慎子》、《尸子》、《莊子》數書，皆古書也。天寶十載十二月楷書【一〇】，臣胡山甫書，字極遒麗，至大中年間方自館中雜書内揀出，是時亦止存一卷而已。卷後有史館山甫印【一一】，用麻紙列館中典掌之人及三校

【八】政和宣和　原作「宣和政和」，據寶顔堂本改。

【九】鮮于伯機　「機」原作「幾」，據寶顔堂本改。下同。

【一〇】楷書　原作「朔旦」，據寶顔堂本改。

【一一】山甫　原作「新鑄」，據寶顔堂本改。

姓名。贉卷皆紹聖間題跋，其後如蔡元長、周美成、晁説之、薛紹彭諸人在焉，内有歷下周子默，不知何人也。

湯仲謀曰：允薈按：《文思博要》一千二百卷【二二】，太宗貞觀年間詔左僕射高士廉、特進魏徵等十四人取歷代載籍，採其精義，至十年書成，即此書也。

吴彩鸞書《切韻》一卷，其書一先爲廿三先、廿四僊，不可曉，字畫尤古。此物舊藏鮮于伯機，今又屬諸他人矣。

索靖章草《月儀帖》，一短卷，下有「希世藏」小印及「閲古」、「永興軍節度使」印。

晉武帝真蹟，宣和御府物，有唐人跋。

王右軍《與桓温薦謝玄帖》真蹟，用蠒紙書，字輕清不類右軍，後有駙馬蔡璀跋，楊和王故物也。牡丹錦標首，儼然着色畫，蓋宣和法錦也。

沈傳師書：「積雪陰山馬過難，殘更深夜鐵衣寒。將軍破了單于陣，更把兵書仔細看。」右御史大夫沈傳師詩，書寄太府兄侍史。二字甚新。

蘇東坡書晁無咎詞云：「東武城南連隄就，郟湛初溢。」今刊木作「東武南城新隄固，漣漪初溢」，非也。

雜帖一册，内有劉涇巨濟墨跡一紙，印文曰「劉巨濟符」，符字甚新。

玉印一，其文曰「鑒定寶書之印」，口題「幽」字。

【二二】一千二百卷　「二」，寶顔堂本作「三」。

伯機云：太平州有重刻本《瘞鶴銘》，然不知以何物爲别，當叩識者。又云：《孔子廟堂碑》京兆府本，無裂乃佳。葉森今收一本，乃饒州錦江書院本，極佳。又云：骨咄犀乃蛇角也【一三】，其性至毒而能解毒，蓋以毒攻毒也。故又曰蠱毒犀。然《唐書》有骨都國，必其地所産，今人訛爲「骨咄」耳。葉森於延祐庚申夏見其子必明，將骨咄犀刀靶二來者，即此也。其花紋似今市中所賣糖糕，或有白點，或如嵌糖糕點，以手摸之，作巖桂香，若摩之無香者，乃僞物也。

玉爐，經火不甚佳，然皆雲龍紋，謂是思陵中物。

透光鏡一，映日則背花俱見，凡突起之花其影皆空。昔麻知幾有詩，余亦嘗賦詩。其後伯機又得一面，郝清夫亦有二面，最後胡泳存齋一鏡，透影極分明。余因歸取所有鏡，映之或止透一半【一四】，或透而不甚分明。蓋凡鏡皆透，特有分明不分明耳。

張受益謙號古齋所藏

李西臺《新竹詩》，後有蘇子美跋，賈秋壑故物也。

米元章帖十二册，各以其類爲次，如手簡、家書、詩文各分類【一五】，聞是韓侂胄故物。中間多韓魏公家園池詩，各有「閲古珍玩」大印，其後歸史衛王府。凡如此五六十册，一一精好。米帖家書内有《與友仁》者，有《與寅哥》者，所謂「虎兒」是也。花押乃兩樣：

【一三】骨咄犀　「骨」原作「國」，據寶顔堂本改。下同。

【一四】止透一半　「半」原作「字」，據寶顔堂本改。

【一五】各分類　「各」原無，據寶顔堂本補。

益、丙。

李成《看碑圖》乃李成畫樹石，王崇畫人物，今止有一幅，其人物一幅則不可見矣。

余平生觀李營丘筆，當以此軸爲最。舊藏王子慶，今歸張受益。

又山水一幅，號李成，雖非李，然秀潤可喜，人物、屋宇皆好。

范寬雪景三幅，潤景甚偉，元王子慶物。

唐人畫《三官》，佳。

張萱《戲貓士女》，佳。

着色山水三幅，平。二幅云是董元。

唐人畫《阮孚蠟屐圖》。

周昉《揮扇士女圖》，高宗題，妙。

李景元《古木鷂雀》。

周昉臨六朝人畫《天官》，甚佳，今亦歸張受益。

黃筌《獨釣圖》，山峰刻峭。

徽宗臨李昭道《摘瓜圖》小軸。

易元吉手卷，紙上畫子母猿二十餘枚，秦氏物。前有「尚書儀衞使」官印，上題「潭州散吏易元吉作」，甚佳。

易元吉《獮猴捫蝨圖》，有東坡題字。

《歸去來圖》三幅，二幅潤，云是唐人作，即《畫史》所載者。

寶覺大師《二鶴圖》雙幅潤，佳。

艾宣《萱草孔雀》雙幅。

鄧隱白描《十二國圖》，後有「劍南樵客趙昌」押字。一跋云：「雖太古文播所不及。」尤袞延之亦有跋。賈師憲物也，甚奇。

袁嶬《遊魚》，高宗題，後有賈師憲「封」字印。

湯仲謀曰：允菴按：封字印，篆文，如此圖【一六】，當是「長」字，與其家「悦生」胡盧印皆美玉爲之【一七】，周公謹先生誤以爲「封」字。葉森嘗於圖畫見賈氏此印，約二寸餘潤，印文不甚細。先師吾真白亦云：言「封」字者乃「長」字也。又云：是唐時物，乃模印作一寸許，命匠者錢獻刊銅印，印於書畫中，真者今在張伯雨處。

邊鸞《葵花》，花心數蜂如活，是楊中齋故物也。

《櫻桃》、《枇杷》二幅，云是趙昌。

山水二幅，云是董元。

張可與【一八】。

銅器中最佳者莫如盥手匜，文藻精妙，色如緑玉，第無欵耳。三代之器多無欵，今歸

【一六】如此圖　「圖」字原空缺，作方框，據寶顔堂本補。

【一七】悦生　寶顔堂本作「閲牧」，清鈔本作「閲收」。

【一八】張可與　寶顔堂本作「張與可」，下同。

商甗内有欵，歸之張可與。

細文大壺，頸有雕戈一「月」字。

方壺一，遍身皆硃砂斑，紅如血點。

碧圓壺一，佳，元楊中齋勤有堂物也。壬辰正月。

兩耳彝爐，下連方座，四周皆作雙牛，文藻凸起，朱緑交錯。葉森按：此制非名彝爐【一九】，乃是敦也。

大尊一，仿佛如廉，薌林家者【二〇】。

小鼎一，内有欵曰「※[illegible]」，文藻甚佳，其色青褐。「褐」或作「緑」。

篦刀一，其鐵皆細花文，云此乃銀片細剪。又以鐵片細剪如絲髮，然後團打萬槌，乃成自然之花。其靶如合色烏木，乃西域鷄舌香木也。此金水總管所造刀，上用滲金鐫「水造」二字【二一】。

王子慶芝號井西所藏

五字不損本《蘭亭》，元係堂候官盧宗邁家物，墨花滿面，後有一行空處。歸碑騆童道人，姜堯章自童處得之，凡一册，題跋上有「白石生四屟」之印，又有「鷹揚周郊鳳儀虞廷」印，蓋寓姓名二字，甚奇。後歸蕭千巖之姪沇介，文後有李秀巖跋。既而復歸之俞松

【一九】此制　「制」原無，據寶顔堂本補。

【二〇】薌林家者　寶顔堂本此下有小字注：「廉恐奩字。」

【二一】水造二字　寶顔堂本作「錯造五字」，下多：「斌鐵自有細文如雪花以銀和鐵搏打恐非也」。

壽翁，有夢鷗堂二跋及「會稽内史」等三古印。最後爲趙子固所得，喜甚，乘舟夜歸，至湖州昇山，舟覆，幸值淺港，行李盡淹，子固獨持此卷立淺水中，示從者曰：「《蘭亭》已在，其他不足憂也！」跋語亦詳載之，且題八字於卷首曰：「性命可輕，至寶是保。」其風致殊如米老。子固垂死，以此歸之賈氏悦生堂，今藏王子慶，後歸李叔固家。葉森曾於其子仲庸參政處見此本，仲庸棄世，屬之他人。

趙太祖御批三卷。其一卷，侍衛親軍都指揮使党進開寶四年九月請給旗號，樞密院官只押字而不僉名。又内前打鼓陳亭長失去放停公憑，乞别給，御批「不行」。又江南投來者三人，賜衣服及送西京撰軍名收管，聖旨「照定來」。又三司具糧料奏，後有鹽鐵、度支、户部使印。又内前打鼓亭長郭珣女阿劉稱夫韋韜爲楊光美打傷，御批「不行」，階級有法故也。以上共五件。其二卷，御筆批出，遞還軍頭都虞候指揮使。又宣徽南院使、義成軍節度使曹彬奏牛羊司失去驅羊人，聖旨令收捉。又發遣差補十將，御批：「我曾與你作指揮，問定遠都頭有家累無家累，且發遣鐵騎軍分。」又内前打鼓百姓王再興，爲人嗾使打鼓，告官家差役不均，御批：「與臀杖七十，放。」已上共四件。其三卷【一二二】，忻州定襄縣開門寨歸朝人進馬及代州界投來四人，各賜頭巾衣服等。已上共三件。今第三卷只有二件，疑有脱誤，當參考《志雅堂雜鈔》【一二三】。

真宗御書「封泰山，禁音樂」批。

【一二二】其三卷　「卷」字原無，據寶顔堂本補。

【一二三】今第三卷……志雅堂雜鈔　案：此條又載《志雅堂雜鈔》（《粤雅堂叢書》本）卷上《圖畫碑帖》，詳於此處，可參見。

仁宗飛白便面六枚。

英宗舊名宗實，監押侍禁私書，及齒藥方云：「生乾地黄，細辛，白芷，不蚛皂角，各一兩，去黑皮并子，入瓷瓶内，調黄泥固劑。用炭火五六斤，煅令炭盡，入白僵蠶一錢，甘草二錢，並爲細末。早晚用揩齒牙堅固，並治衄血動摇等疾。」

哲宗御書便面【二四】：「掬水月在手，弄花香滿衣。」中有御押。

高宗御書「損齋」二大字，并御製《損齋記》，左僕射沈該以下聯名親書表在後。

欽宗圍城日，絹上蠟彈丸徵兵御書。

李西臺古篆并行書《風后廟碑》甚佳，駙馬都尉王晉卿家物也。王名詵，字晉卿，今印文乃用「進」，蓋字通用。又一印文如此位置，好奇之過。又於一卷中用《保母帖》中曲水硯様回，内作古篆，亦近世好奇士也。

李伯時《孝經圖》并書自題云：「鳳閣舍人楊公雅言：『《孝經》關鍵六藝，根本百行，世訓所重。』謂龍眠山人李公麟曰：『能圖其事以示人，爲有補。』元豐八年六月，因摭其一二，隨章而圖之。」

僧元靄畫太宗御容，小本，舒脚幞頭，上插生花六枝，衣金龍袍，玉束帶，描金龍軟靴，手持毬仗弄毬，神采英武，真天人也。上下有題，此必天章閣本，藏王子慶家。

【二四】便面　原無，據寶顔堂本補。

邊鸞《海棠》，上有一蝶。

李伯時《山陰圖》，許玄度、王逸少、謝安石、支道林四像，並題小字，是米老書。縫有「睿思東閣」小璽并「米」字印，題「南舒李伯時爲襄陽米元章作」，下用「公麟」小印甚奇，尾有「紹興」小璽。跋尾云：「米元章與伯時説許玄度、王逸少、謝安石、支道林，當時同游，適於山陰，南唐顧閎中遂畫爲《山陰圖》。三吴老僧寶之，莫肯傳借。伯時率然弄筆，隨元章所説，想像作此，瀟灑有山陰放浪之思。元豐壬戌正月二十五日與何益之、李公擇、魏季通同觀，李琮記。」「壬戌正月過山陰，伯時作，迥若神明，頓還舊觀。襄陽米芾。」「《山陰圖》，長沙作：『一幅輕綃三尺濶，百歲丹青半塵脱。誰將光景寫吴綾，神采森然動毫末！』『臨卷歎張芝，落筆入妙思。踈眉映朗目，白玉無泥滓。堂堂偉且長，想見坦腹姿。』『山陰道士，鶴目龜趺多秀氣；　右軍將軍，蕭散精神一片雲。東山太傅，落落龍驤兼虎步；　潦倒支公，窮骨零丁少道風。』仲殊述。」「伯時爲元章作《山陰圖》，神情邁往，令人顧接不暇。今歸希文家。宣和六年十二月十八日子楚、師正同觀。」

高宗御題李伯時畫《歸去來辭》，薛紹彭逐段書陶詞，且跋其後。

伯時《天馬圖》，筆意飛動，有王晉卿、蘇子瞻和詩在後。

又伯時白描《于闐國貢獅子圖》，後自有跋。

李伯時《五馬圖》，并列其名於後，云：「一疋，元祐元年十二月十六日左騏驥院收于闐國進到鳳頭驄，八歲，五尺四寸。一疋，元祐元年四月初三日左騏驥院收董氊進到錦膊驄，八歲，四尺六寸。一疋，元祐二年十二月廿三日於左天駟監揀中秦馬好頭赤，九歲，四尺三寸。一疋，元祐三年正月上元□□□進滿川花。一疋，元祐三年閏月十九日温溪進照夜白。」山谷跋云：「余嘗評伯時人物似南朝諸謝中有邊幅者，然朝中士大夫多歎息伯時久當在臺閣，乃爲書畫所累。余告之曰：伯時丘壑中人，暫熱之聲名，儻來之軒冕，此公殊不汲汲也。此馬駔駿，頗似吾友張文潛筆力，瞿曇所謂識鞭影者也。黄魯直書。」曾空青跋云：「余元祐庚午歲以方聞科應詔來京師【二五】，見魯直九丈於酺池寺，魯直方爲張仲謀箋題李伯時畫《天馬圖》【二六】。魯直謂余曰：『異哉，伯時貌天廐滿川花，放筆而馬殂矣！蓋神駿精魄皆爲伯時筆端攝之而去，實古今異事，當作數語記之。』後十四年，當崇甯癸未，余以黨人貶零陵，魯直亦除籍徙宜州，過余瀟湘江上，因與徐靖國、宋彦明道伯時畫殺滿川花事，云此公卷所親見。余曰：『九丈當踐前言記之。』魯直笑曰：『只少此一件罪過。』後二年，魯直死貶所。又二十七年，余將漕二浙，當紹興辛亥，至嘉禾，與梁仲謨、吴德素、張元覽泛舟訪劉延仲於真如寺【二七】，延仲遽出是圖，開卷錯愕，宛然疇昔，拊事念往，逾四十年，憂患餘生，巋然獨在，彷徨弔影，殆若異世也！因詳序本末，不特使後來者知伯時一段異事，亦魯直遺意。且以玉軸遺延仲，俾重加裝飾云。空青曾紆公卷書。」余按此事不見之他傳記中，豈當時諱不敢言耶？王逢原賦韓幹馬亦云【二八】：

【二五】方聞　「聞」原作「開」，據《浩然齋雅談》卷上改。

【二六】張仲謀　「謀」原作「謨」，據寶顔堂本改。案：張詢，字仲謀，與黄庭堅相過從，多有唱和。

【二七】張元覽　「覽」原作「範」，據寶顔堂本及《浩然齋雅談》卷上改。

【二八】韓幹馬　「韓」原無，據寶顔堂本補。

「傳聞三馬同日死，死魄到紙氣方就。」豈前代亦有此事乎？　畫前後皆有「乾卦、紹興」印【二九】，高宗御題。

易元吉《猿》二，有「吴越之錢」印及「吴都深居莊書林」印。

又《羣獐》一卷。

《清江九華圖》一卷，畫秋浦兩岸，中横大江，林木樓臺，極其精細，全類燕文貴，後有石林二印：「石林藝文」、「隱居世寶」，及秦氏伯和數印，秦氏伯和章。贉卷有建炎「諫院」之印，紹興「諸王宫學」、「朱記宗學」之印，「御史臺六察」之印，建炎「御史臺吏察」并户、禮二察印，後有劉須谿辰翁跋。

黄筌《鶻撲狐》雙幅。

山水雙幅，自號李成。

《帝釋像》，彼以爲吴道子，上有彩幡，帝釋居中立，有四圍火燄，兩手合掌，以方孔雀扇横于二肘間。從者凡十二，其二類天宫，手執圭璧，細而乏力。

李伯時臨《草堂十志》，有劉娘子諸印，記見後。

趙大年水墨《蘆雁》，上題「令穰」二字。

楊補之梅二紙，一題云「江右楊補之作」。

古鏡一，中藏簧，有聲鏗然，蓋夾鑄者。

【二九】乾卦　寶顔堂本作「乾坤卦」。

王介石虎臣所藏

唐《劉良驅告》，咸通中吴通微書并贊。告書體甚佳，米老有跋。

江南《賜周宗卿詔》，用書詰之印。

東坡書蔡君謨二小詩，又書杭妓周韶詩。初，杭州營妓周韶能詩，蘇子容過杭，述古飲之，韶求脱籍，子容令即席賦詩，有云：「隴上巢空歲月驚，忍看回首自梳翎。開籠若放雪衣女，多念阿彌陀世尊。」一時歎賞。籍中諸妓皆有詩送之，内胡楚、龍靚詩最佳，事在《侯鯖録》。

李建中書絶句云：「鶯已無聲花已老，誰知三月盡頭時？」亦佳句也。歲庚寅七月觀。

米老自畫《東山朝陽巖海岳菴圖》，朝陽巖背焦山，其側有早來堂，率意而寫，極有天趣。後有自書《海岳菴賦》并五詩。至正癸卯正月廿九日，文璧與士文觀于張松谷家。松谷乃士文泰山，故余得一見。

東丹王畫《番部行程圖》，前有宣和御題，後又題云：「世所謂東丹王者，其畫絶妙。」

鄆王題唐人臨六朝畫《七賢》。

王晉卿臨小李將軍山水。

宗子叔儺畫魚。

丁晞顏畫《孝經》【三〇】，晞顏字令子，書畫皆精，畫全似伯時，後有米元章跋。

吴元瑜紙畫翎毛四片，甚佳。

高麗紙畫翎毛、梅花。

張可與斯立號繡江所藏

陶隱居小字《黄庭外景經》，元謝起翁物。

蕭子雲進《寫古文啟》，徽宗題。

張旭草書真跡，有六一翁跋。

顏魯公《劉中使帖》。

元微之《轉官告》。

楊凝式《千文》。

郭祐之天錫號北山所藏

晉王右軍《得告帖》，又《快雪時晴帖》，皆真跡，有米老跋，遂以名齋且刻石。葉森曾見此二帖，神韻精采。

【三〇】丁晞顏　「顏」原作「韓」，據寶顏堂本改。下同。

又唐模《千文》，又《蘭亭》，乃李山房故物，有米老印，又有李常公擇長印。葉森曾見戴厚甫持此來售，乃南唐椒閣錦標首。

梁人臨《重告》等五帖。

唐徐浩《寶林寺詩》真跡。

歐陽率更碧紙行書《詠陳後主詩》，又《夢奠帖》，勤有堂故物也，舊陳德翁家藏。《禊帖》甚佳，葉森芸齋所收即此本，亦厚甫攜售。

虞永興《汝南公主墓志》，後有米老跋，皆真跡。辛卯六月。

褚中令小楷《西昇經》。《旦極寒帖》，妙。

陶弘景板帖，見《東觀餘論》。

閻立本畫，佳。

又御書十餘卷，內太祖者，河陽武林關使身，故乞差人充替，御筆上用內合同印。太宗者，乃尹京時禁打捕榜，後有御押及行移，書字甚草草，可見五代文物苟簡，用開封尹印。真宗數紙，其後臣僚奏狀，既無銜位，亦只押而不書名，作「匡巨」【三二】，殊不可曉。徽宗數幅，皆處分中省進呈短奏，亦多不急之事，皆御筆親書「照已畫旨」。欽宗一幅，係親事官節級徐釗狀，稱某處某人聚衆疑作賊等事，御批「付程振，只令追捕杖脊配千里」，

【三二】匡巨　此段又載《志雅堂雜鈔》（學海類編本卷四，粵雅堂叢書本卷下），「匡巨」作「臣臣臣」。

叵封皮用御前之寶。

《藥師佛》甚佳，云是吴生畫。

又紙上粉本《天王》，高僅盈尺，而位置廿八人，筆繁不亂。有劉大年、曹仲玄一作元。收附。

李成《風雨圖》一幅。

陳閎畫馬一。

《真一天師像》甚古，手持章函，前後植二劍，甚佳。歸之崔晉之。葉森見此畫，軸身衣魚齧，朱皆硃砂，非銀朱也。章函乃一瑪瑙函云。

《善神立像》二，云是吴生畫。上各有「尚書省」印，其後有「秘書省」印，蓋宋秘閣物也。

尉遲乙僧《坐神》，佳。

張璪《松石》，高宗題，誤書爲「張藻」。

朱繇《立神天女》，奇詭之甚，三幅闊。

王維畫《孟浩然像》，昔爲趙碧瀾由祚物，後歸趙信之，乃歸余，又歸喬仲山，仲山歸之郭北山。

司德用進所藏

王維《捕魚圖》，單小直幅，徽宗題，前有雙龍圓印，後有「大觀」、「政和」二璽，「明昌」七印。上作岡阜古木，全如李成所畫；下作數舟閱溪取魚，人物甚佳。

范長壽《醉道圖》好，至正甲辰文璧見此畫。楊庭光《大力菩薩變相》，雄偉【三二】。

丘文播《渡水僧》，弱。

范寬《雪景》，佳【三三】。後有遠山重疊。

傳古畫《龍》。

韓滉《歸去來圖》，又《雙牛》，佳。

盧楞伽《過海羅漢》，古。

邊鸞《躑躅孔雀》，平。

李伯時白描《維摩經相》，又《勘書圖》有元康二印，平。

張萱《抱嬰仕女圖》，佳。

黃筌《時苗留犢》雙幅，二軸，癸巳冬月見之困學齋。又《琴高故實》。

《火星》一軸，云是吴生，徽宗御題。

王端《人物》，徽宗題。《擊壤圖》，古。

【三二】楊庭光……雄偉　此條原無，據清鈔本補。

【三三】范寬雪景佳　「佳」原無，據寶顏堂本補。

董羽《龍》。

王詵《長江遠岫》，北方物。

李成《晴巒疊嶂》山水小幅四軸，内一幅佳。

盧楞伽《羅漢十六》，徽宗題，有李後主題字花押。

董元絳色《山居圖》，千巖万壑，下有小屋村市，中間人物優裝虎弄，不類尋常所見者。今歸莊蓼塘矣。

胡瓌《啗鷹圖》，佳。

湯子昇《軒轅鑄鏡圖》，徽宗題，後有李後主書字，作屠龍殺虎之類，鬼神獰甚。

《博古圖》，佳。

荆浩山水一軸，所畫屋簷皆仰起，而樹石極麄，與尤氏者一類，然不知果爲荆畫否也。

易元吉《孔雀》，一槲樹甚佳，上有鸜鵒、黄鶯、栗留之類，下作雙孔雀，有院體。元王井西物。

趙林所作《豫章逢故人》雙幅。林，宣和末畫人。

《阮孚蠟屐圖》畫孚草中坐，上裸，止着犢鼻，手執雙屐，傍有一人侍立，手持貂尾并冠蓋，孚所戴者。書虆中書五卷，酒一壺，盃一盋。恐是唐人畫，比之張受益者尤佳。張是小幀，此是卷子也。

閻立本《西旅貢獅子圖》，獅子墨色類熊，而猴毛大尾，殊與世俗所謂獅子不同。聞近者外國所貢正此類也。

山水一軸甚古，上有五小字云：「後涼徐麟筆。」《畫譜》中未聞其名，然以余觀之，前涼張軌，後涼乃呂光，正如前漢、後漢，前唐、後唐之類，當時未嘗自稱爲後涼，殊可疑也。

尤氏所藏

支仲元《四老圍碁圖》手卷，高宗題，妙。

顧愷之《水閣圍碁圖》一卷亦佳，悉歸之張受益。

周文矩《繡女》卷，高宗題，佳。

黄筌《牡丹》一軸，後有「奉華堂」二印，劉貴妃之物也。

王齊翰《過海天王》，平。

胡瓌《番馬》，平。

盧楞伽《妙聲如來》，高宗題，乾卦紹興印。

杜子瓌《寶檀菩薩》，高宗題，并御印。

袁羲《蟹》，高宗題。

戴嵩《牛》二，其一有高宗題，兩目微紅，凡戴牛皆然。

郭熙《秋晚殘霞》。

李成山水。

厲歸真《牛》題云：「庚辰十月錦溪迂踈子作。」

荆浩畫《漁樂圖》二，各書《漁父辭》數百字，類柳體。

關仝山水，「宣和」大璽，高宗題。

易元吉《猿》二，内二大猿皆有白牙，出於頷外，識者謂母猿然後有牙。上有「宣和」大璽。

宣和御墨《子母雉雞》，皆有御題并印，又有《古松荷花》。

趙千里《訪戴圖》，有「紹興」印。

趙希遠《漢武帝受蟠桃圖》，又《蟠桃大樹》。

趙左丞仁榮所藏仁榮即伯昂之兄，字伯華，後爲平章。

周文矩畫《韓熙載夜宴圖》，紙本，長七八尺，前有蘇國老題字，内又題「不如歸去來，江南有人憶」兩句十字，并蘇題識。神采如生，真文矩筆也。元廣濟庫物，先歸監賣官張運副，後歸之趙。

劉浙漕伯益所藏

蒼玉符，長可一尺，濶三寸，厚可半寸許。兩傍作雙螭，中碾七篆字，云「玄孫似文治水聖」，陽彼以爲禹治水符，甚珍之，余則以爲僞物也。蓋禹姒姓，然非從人之「似」；又玄孫乃軒轅之孫，何爲曰「玄孫」？且三代當作鐘鼎文，乃作小篆，刻亦不工，不足奇也。

松江鎮守張萬户所藏

聞所收畫卷甚多，皆御府故物，無非妙品，余僅見下項。

王維《渡水僧》，高宗題。

馮覲《層巒疊嶂》。

顧德謙《乳牛圖》，祐陵題，凡三牛、二犢、一牧童，奇甚。

陶縝菜諸色凡二十種，上題「金陵陶縝筆」。

崔白《五雀圖》，皆賈氏悦生堂物，其間一印云「賢者而後樂此」。

王子才英孫號修竹所藏

米老書自作《上清儲祥宫碑》，川紙上大字書。舊在向若水家，後歸賈秋壑，今歸子才。乃與東坡同作，米意極自得，然非爲坡文壓倒，則此老必叫屈也。余家亦有米老自撰自書《天衣禪師第二碑》，字畫絶妙，藏之甚久，爲德生豪奪去，意甚惜之！金蓀璧應桂亦有之，字大於此，然究不及也。

雪竇和尚親書詩一卷，後有諸公題跋。雪竇詩云：「有無盡是兩頭語，諸祖因兹不立言。末代兒孫列户牖，一花五葉失真傳。永嘉雖問曹溪路，畢竟惟聞自己禪。根器警拔誠難遇，鑿透高原始及泉。」「道人詩筆從頭讀，老筆崢嶸自一家。誰會林間相見事，莫都錯看亂飄花。」紹聖四年十二月廿四日周穜仁熟觀。「百中神槍歸妙手，當時破敵秖因機。餘花墮械無人見，半偈流傳豈易知。」元符三年建安陳師錫。「雪竇傍邊，又生一孔。北邙山下，千家万家。兔角龜毛，竟將何用？仔細思量，不如珍重。」浮休居士。「一幅昏昏半已空，何人重出自爲工？從今萬偈并千頌，擾亂春風卒未窮。」襄陽米芾。「眞機昔振雲門路，祖席今多雪竇孫。傳到慧林華果盛，須知葉落總歸根。」崇甯二年鶴林居士葛蘩。「老子休去歇去，遺墨今傳古傳。想見本來面目，不離當處湛然。」崇甯癸未高郵徐文。一作徐太。《困學齋雜録》云：「越人王修竹所藏雪竇禪師真跡，末用『封』字印，是曾入賈秋壑家，有韓宗古敏甫、時邦美、朱伯原、吴邦獻、王元直、周仁熟、鄧子常、白蒙亨、章致平、王子助、霍静文等紹聖四年跋。」

荆浩、關仝、郭熙各一幅，皆賈氏物，頗佳。

《司馬相如入蜀圖》雙幅，絶類郭熙，後題「御前待詔孫沅水」，支懃其祖，疑是支仲元，仲元五代人。

五代童氏《六隱圖》一卷，着色山水，全類小李將軍所畫。溪山舟楫及小兒無數，不知「六隱」故實爲何事。高宗跋，詳見《宣和畫譜》。

張藻秋澗所藏

御府《蘭亭類考》十册，凡百餘種。

高宗臨《十七帖》，内八帖有跋尾印記。

越人董十六閤門所藏

紅瑪瑙一塊，徑三寸許，摇撼之，其中有聲汩汩然，蓋中虚，有水在内故也。彼嘗欲易余家崔白横披《鷲》二軸，時不與相易，後不知歸于何所。葉森家有水晶鈎一，亦如此中空，内有藻一枝，隨水傾瀉。後售魏塘陳家，不知存否。文璧嘗讀《邵氏聞見録》載楚元輔家藏一黑水晶，中有半開繁杏一枝，希代之寶也。予不之信。今見葉森所見水晶鈎之異，始信元輔之藏不謬。

游氏家藏

陸探微《摩利支菩薩》，徽宗題，四角「宣和」、「政和」印及金書「神品上上」。其畫青地細描，三首四臂。

邊鸞《五色葵花》，花心皆突出，數蜂抱花心不去，活動精彩，真奇物也。元係楊中齋物，今歸張受益。

徐熙山水人物，一騎從數人，上有仁宗飛白「徐熙」二字。

滕昌祐《拒霜野梟》，上有大蟬。

關仝山水一。

黄筌《秋山詩意》，上寫唐詩八句。

朱繇《天王坐像》。

趙千里大雙幅畫《范蠡西施圖》，恐未真。

趙希遠《夜景》二。

郭熙《松石》二幅，粗甚【三四】，恐非。

【三四】粗甚　原無，據寶顔堂本補。

王端《出山佛》，彼以爲孫太古元作【三五】。

許道甯山水。

黄居宷《海棠折枝》。

厲歸真《牛》。

崔白貓、魚各一。

馬和之《倚樹觀書》二。

董羽《龍水》雙幅，佳。壬辰八月。

【三五】孫太古元作　「元作」原無，據寶顔堂本補。

卷下

莊蓼塘肅所藏

張萱《彈琴士女》，明昌御題并前後印，曾入賈氏，元喬仲山物。楊庭光畫觀音，徽宗題，有「宣和」、「政和」印及「廣運」、「大定」二印，蓋未入明昌之前已散在人間也。

孫太古《上真》，其上作山水甚古，怪木盤石，神坐石上，其像甚佳，側有捧劍天女，絶佳。下矙海水，有龍神足躡巨鰲，手捧琉璃，方座上有龜蛇，又有一龍神捧劍【一】，爐炷香，上有小樹數十株，猴數十枚，甚奇。題云「彭山孫知微筆」。元楊澄之物，後爲和英之所得，今歸莊蓼塘。

董元《溪山圖》，思陵題，王井西得之霅川。

董元着色《山居圖》，思陵題，余家物也，得之王璫，後歸小許。至正癸卯正月文璧與士文同觀於乃岳張松谷家。

張南本《勘書圖》，思陵題。

【一】龍神捧劍　「神」原無，據寶顔堂本補。

徐崇嗣花二幅。

絳色《山居圖》，云是李伯時。

唐人畫戈船二隻，甚佳。

陸晃畫《鹿人車》。

孫夢卿《松石問禪》，宣和題，上有雙龍印，下有「宣和」印，所畫一僧絶妙。

荆浩、李成山水各一。

陸晃《捕魚》單幅，明昌題，二漁翁皆衣紅，全類胡人。

周昉《揮扇士女》，高宗題，元受益物，文璧與士文同觀于張松谷家。

紙上山水一幅，極細，云是范寬，又云燕文貴。

顧閎中畫《明皇擊梧桐》一本，甚長，元仲山家物。

黄筌《紫葵花》，有雀立花上。

周文矩寫李季蘭真，思陵題，亦仲山家物。癸巳仲冬。

王晉卿《長江遠岫》着色山水，前一帶山水可喜，中題杜詩云「門泊東吴萬里船」之句，前後皆蔡京書，後有「山東東路轉運使」印、「安平府」印。甲午九月。

戴嵩《戲牛圖》，宣和御題，元吴興孟氏物，後歸季文彬宗元，今歸于莊。

吴生《過海騎馬天王》，高宗題，元喬仲山家物。

關仝山水。

李思訓《巫山神女圖》，明昌題，榷場物，曾入賈氏。

郭忠恕《飛閣晴巒》，明昌題，宮殿四角皆有欵，上有御題。

册葉共十二册，内趙希遠、趙千里共一册，馬和之一册，院畫十册，皆精。

廉端甫希貢號薌林所藏

商尊内父巳，其質如漆，紅黄青緑之色皆具，交藻絶奇，尤物也。昔康老售之董瓚者，葉森登公門屢見之。又有一尊，恐止是漢器。

敦二，皆有欵識，大小亦相似，亦秦、漢物。

盂一。

天鹿銜盃硯滴一，元王廷用物，後歸鮮于伯機，今以「蠻人騎獅子」易到。延祐庚申葉森謁趙承旨時，亦出「蠻人騎獅子」，高七寸許，獅子昂首，口可出水，蠻人坐獅子背上，頂作竅，可吸水起，人披髪，張兩手，左手擎鷹，右手作引鷹勢。

向薌林靈壁卧石上有刻字并小詩，薌林伯恭書。

唐人畫觀音像。

銅鐸二。

袁氏伯長漢印。

東坡畫竹石小壁一堵，元秘書省汗青軒物也。事見《野語》。今歸楊仲威。

紅葉大阮二。

錦褙《阮譜》七册，元御府物也。壬辰七月。

徐容齋琰子方所藏

顔魯公自書《刑部尚書告》，乃用紙書，不可曉。大曆十二年物。

唐人雙鈎《蘭亭》。

孟簡細書六賦。

朱希真雙鈎《力命帖》、《黄庭經》。

白玉剛卯，四面正方，兩邊真字各兩行，細如絲髮，真奇物也。癸巳三月葉森曾見先師吾真白所收剛卯一，四面皆有字，乃漢隸也，非真字。

王晉卿《煙江疊嶂圖》，幾二丈，後有與東坡唱和詩各二首，及王駙馬花押收附。元係劉漢卿物，有王子約中丞跋，後俾李公略售歸之戴祖禹。

玉研一，高一尺，廣六寸，厚二寸，雖未甚白，然瑩淨可愛，獨受墨處不光，可以研磨，亦奇物也。葉森舊有紹興内府玉硯，作壺樣，下碾字云「玉壺」，長六寸，廣四寸半，厚二寸，玉色白潤，然磨墨處光，研墨亦起。

銅持硯一，狀類箕，長近一尺，其硯池傍作一倭人坐其上，後有一獸類蜼，四足，以前兩足撫倭人之身，其上作牛首【二】，其地皆細花紋，甚精。此必倭人之舊物也。

道士褚雪巘伯秀所藏

銅虎符一半，上有篆文六，云「某處發兵合同」，下有甲至癸十真字各半，疑非古物。葉森曾見先師吾真白收虎符一，長一尺五寸，廣四寸，上剡首，下平，一面作虎蹲在上，下有漢隸字欵，云「第一至第五」，背面上作身通垂，下有字，磨滅不可辨，剡首一邊有字刊年月，磨滅難辨。

黄玉一片，如匕首之狀，其色瑩潤，褚以爲雷斧，非也。葉森又見褚弟子馬虚中出示褚所藏諸古錢，皆作粉牌，綴錢於上，下書其文。褚多有佳品玩物，如金鈿天尊像，古銅編鐘、彝鼎之類。

霍一作郝。清夫清臣所藏

孫過庭草書《千文》，用五色紙書，其縫内各有「珍」字印，或謂唐文宗印，或謂宋太宗印，又有唐弘文館印。

【二】其上作牛首　「其」原無，據寶顔堂本補。

張旭《秋深不審帖》，上有雙龍圓印，前後並用「宣和」、「政和」印也。

聞有蕭子雲《出師頌》真跡甚佳，未及見也。

李伯時白描《陽關圖》，後有所題詩跋及書王右丞二詩，并「三鳳後人」等印，後有二印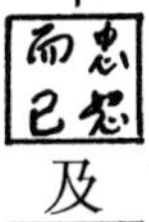

及，不知何許人也。

又有唐模《蘭亭》。

高彥敬克恭號房山所藏

折枝花四段，作一卷，趙昌畫也。四花者：躑躅，鷄冠，木瓜，海棠。初不甚佳，卻有米老詩及蔡元度、章子厚、林攄、林希、劉原父、王晉卿、徐兢諸人題跋。官印凡十數，內有太原府尹、中書省、秘書省、温杭蘇州觀察使等印。私印有「林希子中秘笈清玩」及徐兢一印，「保大騎省」、「宣和畫學博士」及「襄陽漫士」等印。悉用黄絹素書。本楊和王家故物，有楊倓名印，後有周文忠益公必大及蕭照鄰燧等題名。

胡存齋泳所藏

范長壽《西域圖》，長三丈餘，徽宗御題簽【三】。後歸張子有。

【三】御題簽 「御」原作「書」，據寶顔堂本改。

展子虔《春遊圖》，徽宗題，一片上凡十餘人。亦歸之張子有。

玉花尊一隻，約高尺四五，徑七寸，玉雖不甚白，然文藻碾法極精，乃穆陵内府物。在燕得之謝太后，價止中統楮廿定。即鈔也。葉森於大德十一年以一百十五定得之于古董康家，兼有一香楠木座，黑漆光套蓋，今亦屬之他人矣。

圓素玉椀一隻，亦徑五寸餘，色甚佳，碾法尤精。

玉托子一隻，尺二三徑，足乃外來。

玉匜有足，雙耳，亦徑尺餘，色微黄，前後碾兩饕餮，口有緣，亦精。

王爵一，高數寸許，滿身文藻，把手下有「政和」二字。茂先得之胡氏子孫【四】。

玉楪一，亦數寸徑，腰子樣。癸巳臘。

靈璧硯山一座，無天趣，不甚佳。

楊彦德伯嵓號泳齋所藏

宣和御畫四幅，後各有御題詩一首，并用「宣和」小璽。

易元吉《麞獐圖》，高宗御題，乾卦、紹興印。

胡璀《折枝桃花》，高宗御題，御印。

郭乾暉《架上細脛鷹》，高宗題，乾卦印。

【四】茂先得之胡氏子孫　此句原無，據清鈔本補。

巨然山水雙幅。

刁光《睡貓》，高宗題。

勾龍爽《避秦女》便面，細如絲髮，而精采炯然。

《盧鴻草堂十志圖》，林彦祥臨伯時本，遺《草堂》、《樾館》二，所存者八爾。今録詩于後，必盧徵君所賦也。

冪翠庭　冪翠庭者，蓋崖巘積陰，林蘿沓翠，其上綿冪，其下深湛，可以谷神，可以冥道矣。及喧者遊之，則酣謔永日，汩清薄厚。歌曰：「青崖陰兮月澗曲，重幽疊邃兮隱淪躅。草樹綿密兮翠蒙籠，當其無兮庭在中。當其有兮冪翠庭，神可谷兮道可冥。有幽人兮張素琴，白玉徽兮緑水音，聽之愔愔憺忘心。」　如如野叟林師心書。

洞玄室　洞玄室者，蓋因巖作室，析理談玄，室反自然【五】，成斯洞矣【六】。及邪者居之，則假容竊吟【七】，妄作虚誕，竟以盜名。歌曰：「嵐氣肅兮巖翠冥，空陰虚兮户芸迎。披蕙帳兮促蘿筵，談空空兮覈玄玄。蕙帳蘿筵兮洞玄室，秘而幽兮貞且吉。返自然兮道可冥，繹妙思兮草玄經，結幽門兮在黄庭。」　江湖散人陳昱書【八】。

期仙磴　期仙磴者，蓋危磴穹窿，迥接雲路，靈仙髣髴想若可期。及儒者毁所不見則斥之，蓋疑冰之談，信矣。歌曰：「霏微陰壑兮氣騰虹，迤邐危磴兮上凌空。青霞杪兮紫雲垂，鸞歌鳳舞兮吹參差。鸞歌鳳舞兮期仙磴，鴻雁迎兮瑶華贈。山中人兮好神仙，想像

【五】室反自然　學海類編本及《志雅堂雜鈔》卷三作「室乃自然」，粤雅堂叢書本卷上作「室返自然」。

【六】成斯洞矣　「成」原作「元」，據《志雅堂雜鈔》卷三改。

【七】假容竊吟　「吟」原作「次」，據《志雅堂雜鈔》卷三及寶顔堂本改。

【八】江湖散人　「江湖」原無，據寶顔堂本及《志雅堂雜鈔》卷三補。

聞此兮欲升烟，鑄月煉液兮竚還年。」　家居道士米友仁書。

滌煩磯　滌煩磯者，蓋窮谷峻崖，發地盤石，飛流攢激，積漱成渠，澡性滌煩，迥有幽致。可爲智者説，難爲俗人言。歌曰：「靈磯盤礴兮奔溜錯，漱冷風兮鎖冥壑。研苔滋兮泉珠潔，一飲一憩兮氛想滅。磷漣清淬兮滌煩磯，靈仙境兮仁智歸【九】。中有琴兮徽以玉，峩峩湯湯兮彈此曲，寄聲知音同所欲。」　湧泉沼祭酒道士翟耆年書【一〇】。

雲錦淙　雲錦淙者，蓋激溜攢衝，傾石叢倚，鳴湍疊浪，噴若風雷，詭輝分麗，焕如雲錦。可以瑩發靈矚，幽玩忘歸。及世士觀之，則反曰寒泉傷玉趾矣。歌曰：「水攢衝兮石叢聳，焕雲錦兮噴汹湧。苔駮犖兮草夤緣，芳冪冪兮瀨濺濺。石攢叢兮雲錦淙，波連珠兮文杏峯。有潔冥者媚此幽，漱靈液兮樂天休，實獲我心兮復何求！」　冷雲菴釋慈賢書。

金碧潭　金碧潭者，蓋水潔石鮮，光涵金碧，岩葩林蔦，有助芳陰，鑒洞虚靈，道斯勝矣。而世士纏乎利害，則未暇游之。歌曰：「水碧色兮石金光，灎潪潪兮潋煌煌。泉葩映兮煙蔦臨，紅灼灼兮翠陰陰。紅翠相鮮兮金碧潭，霜天洞兮煙景涵。有幽人兮好冥絶，炳其焕兮凝其潔，悠悠千古兮長不滅。」　無所住淨曇書。

倒景臺　倒景臺者，蓋太室南麓，天門右崖，傑峯如臺，氣凌倒景。登路有三，處處可憩，或曰三休臺，可以邀馭風之客【一一】，會絶塵之子，超逸興，盪遐襟，此其所絶也。及世

【九】靈仙境　「靈」原作「是」，據《志雅堂雜鈔》卷三及寶顔堂本改。

【一〇】湧泉沼　「沼」原作「治」，據《志雅堂雜鈔》卷三改。

【一一】馭風之客　「風」原作「鳳」，據寶顔堂本及《志雅堂雜鈔》卷三改。

人登焉，則魄散神越，目極心傷矣。歌曰：「天門豁兮仙臺聳，傑屹崒兮雲湏湧。窮三休兮曠一觀，忽若登昆侖兮期汗漫。仙聳天關兮倒景臺，淩顥氣兮軼囂埃。皎皎之子兮自獨立，雲可朋兮霞可吸，曾何榮辱之所及！」　經堂孫焱書。

枕煙庭　枕煙庭者，蓋特峯秀起，意若枕煙，秘庭凝虛，窅如仙會，即揚雄所謂爰淨遊神之庭是也。可以超凡絶世，永潔精神。及機士登焉，則寥閴爣慌，愁懷情累矣。歌曰：「臨泱漭兮背青熒，吐雲煙兮合窅冥。怳歘翕兮杳幽靄，意縹緲兮羣仙會。窅冥仙會兮枕煙庭，竦魂形兮凝視聽。聞夫至誠必感兮期祈此巔，契灝氣兮養丹田，終仿像兮覯靈仙。」　隱岳道人石昭問書。

先子《畫史》載劉子禮以五百緡置錢氏畫五百軸，初未嘗發緘、銓美惡也。既得之後，其間有《盧鴻草堂圖》一卷，已是數百年物矣。後李伯時嘗臨一本，仍自書卷首歌一篇，次則秦少游、朱伯原、先子書也。又其次陳碧虛、仲殊師、參寥子輩繼之，餘亦一時聞人。紹興己未仲春，余舟過蘇臺，石塋中爲長洲令尹，得宇文季蒙所藏伯時本，屬林彦祥爲摹，乃亦首書其篇。塋中令輒俾余書先子所書一篇，餘悉欲得一時名士繼之，欲其雅尚不凡，因又跋于卷尾，是月二十七日米友仁元暉。　李參玄居子曰【一二】：十志者【一三】：草堂，修身畜德之府也；　樾館，延賓閱禮之用也；　玄室，談道衆妙之宗也；　翠庭，棲閒谷神之致也；　期仙，靈湛傲睨之適也；　滌煩，澡性潔己之謂也；　錦淙，沃志

【一二】李參玄居子曰　「玄」原作「元」，據寶顔堂本改。下同。

【一三】十志者　寶顔堂本作「玄居十志者」。

日新其德也；　碧潭，端形鏡清其色也；　倒景，熙熙春臺之樂也；　枕煙，渺渺仙山之興也。十者蓋天地之成數，志者即紀述之總名。玄居子道心惟微，幽賞亦異，可謂隱淪之奇絶，今昔所未聞，故備録焉，貽諸好事君子也。小篆書。「甘泉建章空草莽，甲第紛紛誰復數？嵩岳徵君一草堂，卻有畫圖傳萬古。巖巒奥勝帶煙霞，矚望幽盤隨處所。微茫短幅幾臨摹，便覺市朝如糞土。輞川别景王維畫，君陽山記希聲叙。胡將冰雪污囂塵？模規雖勝非吾侶。」李參。不知何許人。　盧鴻草堂十志，今所存者八，而遺其草堂、樾館二紙。據小米所云，林彦祥臨伯時畫而自書其首，則云二紙者亡之久矣。畫手意趣有神遊八極氣象，歌語亦清峭淩厲，如酌沆瀣而挹浮丘者。若使親接盧處士豐度，應不減識元魯山也。余友毛復父小築林塘，自拔流俗，娱侍汝劉丙峯先生，日徜徉于其間，天下至樂，無以逾此，而篋笥所珍多奇絶者，駴矚如斯卷，特以錚錚者耳。往輩標矩藐不可見【一四】，慨想刻舟之痕，以求干將、青萍之劍，得無爲癡鬼笑乎？紹定辛卯，復父官左帑且一歲矣，丙峯先生讀書之眼、登臨之脚尚如少時。八十六翁見其子駸駸有位于朝，但恐林慚澗媿，草堂勒移，預爲君慮。正月十六日汝陽被褐翁徐逸。　其後王子慶于毘陵得伯時畫《十志》，即元暉跋中所言者。録其書人姓名于後：一、龍眠山人李伯時書，二、高郵秦觀書，三、樂圃居士朱長文書，四、吴郡周沔書，内缺一永字。五、静常居士曹輔書，六、縉雲胡份書，七、襄陽漫士米芾書，八、碧虚子陳景元書，九、太平閒人仲殊書，十、參寥子道潛書。

【一四】藐不可見　「藐」原作「日」，據宝顔堂本及《志雅堂杂钞》卷三改。

然與林彦祥所臨本，人物甚大，多不同。前有「奉華」大小印，向曾收入劉娘子位者；後有一印云「閉關頌酒之裔」，雖用劉伯倫事，然于婦人恐不類耳。又有「瑞文圖書」。

李士弘倜號圓嶠所藏

黄山谷大字《浯溪詩》，有序，甚妙。

山谷草聖書嵇康四言詩一卷，絶妙。

關仝山水四軸，雪景尤妙。

許道甯《華岳三峯》雙幅。

王晉卿着色《楚山清曉圖》，有「萬壽無疆」之印，前所未見也，或云此是僞物。

郭熙三幅山水，内一最佳。

又雙幅雪景。

董羽《子母出水龍》手卷，徽宗題。

高仲器鑄所藏

唐樵《蘭亭》，極瘦而自然，高子奇跋云：「此乃馮承素等所臨。」

柳公權小楷《清淨經》，開成五年書于上都昭成觀。

《大肥馬》，甚佳，云是曹霸。

蘇東坡書《杜少陵驃騎圖詩》，後有子由跋、山谷二絶句。

易元吉《草蟲》小幅。

艾宣《鵪鶉》。

韓滉《漁獵圖》。

郭熙倣李成《山城圖》，又山水雙幅。

唐畫《白芍藥》，范仲淹題。

中居大用致遠號忍齋所藏

周昉《彈箏士女》。

戴嵩《子母牛》。

徐熙《牡丹》。

韓幹《照夜白》，又《雙彈琵琶觀音》。恐非觀音。

又唐佛並卷子。

黄筌《緑竹紅葉花雀》，又《壽星》一。

王齊翰《羅漢》兩軸。每軸四軀。

吴生《大辨才熾盛光佛》，絶佳。

董羽《子母出水龍》。

趙昌册葉數紙，丙申二月。

馬子卿紹號性齋所藏

蕭遘《幽公帖》，明昌題。

張芝《久問帖》，宣和題，恐臨。

東坡《德威堂銘》，黄絹烏絲闌，書大字，甚佳。《上清儲祥宫碑》，黄絹上緑闌書。

《翰苑樂語》，草書一大卷，上有「開封趙與懃」小印及「齊齋」印。

石曼卿大字《籌筆驛詩》，奇甚。

山谷草書《鸚鵡賦》，佳。　家書數幅。　又一帖云：「近有佳會，率以故不得往，豈食料禁不批放耶？呵呵！」又一帖云：「花四枝謾送，餘春尚可賞否？戴花人安否？」前輩風流可想也。

米帖一，云：「胡不入城？草外恐不堪久。芾白。」「草外」二字新。

洪元慎集王書《勝業讚》，高宗題。

許渾烏絲闌絹上書所作詩，大軸，佳。

展子虔《春遊圖》，今歸曹和尚，或以爲不真。

張萱《横笛士女》，宣和題，佳。

陸晃《初平起石圖》，高宗題。

楊甯《出遊人物》，思陵題，佳。

閻立本《駱駝》。

黄居寀《拒霜秋兔》，明昌題。

徐熙《牡丹鵓鴿》，明昌題。

胡虔《番部卓歇人馬》，思陵題，絶佳。後歸曹和尚。

《天王托塔圖》，不知名。丙申仲春。

閻立本《掃象圖》，宣和題，作胡僧以大帚浥水洗一黑象，傍一人以巾拭之。必有故實，奇甚。

董北苑《松峯圖》雙幅，重岡疊巘，甚奇。玉池上有蔡蕭閒父子及吴激彦高、宇文虚中題詩。

王齊翰《重屏圖》，未佳。

崔中丞彧所藏

閻立本《職貢獅子圖》，大獅子二，小獅子數枚，皆虎首而熊身，色黄而褐，神采粲然，與世所畫獅子不同。胡王倨坐，甚武，傍有女伎數人，各執胡琴之類，并執事十餘，皆沉着痛快。高宗題云：「閻立本《職貢獅子圖》。」前有「睿思東閣」大印，亦賈師憲物。有台州官估官印，後有封字印。崔中丞物，王德修爲褙。丙申四月見之容齋。

趙子昂孟頫乙未自燕回出所收書畫古物

虞永興《枕卧帖》，有「建業文房」之印，「紹興」小璽。

李北海《葛粉帖》，宣和題。

顔魯公《乞米帖》，元謝奕修物。

王右丞山水小本。

李思訓《摘瓜圖》，宣和題。

韓幹《五陵遊俠圖》，高宗題。

周昉《春宵秘戲圖》。

吴生《觀音》，剔青地。葉森曾見，公與張伯雨作題。

謝稚《三牛圖》。

魏元君《受經像》，剔青地。

韓滉《五牛圖》。

李成《看碑圖》，元張受益家物。

黄筌《唐詩故實》，又《脱籜新篁》，《剪金雛雀》，《雙鵪鶉》。

孫知微《十一曜圖》。

董元《河伯娶婦》一卷，長丈四五，山水絶佳，乃着色小人物。今歸莊肅與，余向見董元所作《弄虎故實》，略同。

董元《水石吟龍》，高宗題。

王詵《連山絶壑》，高宗題。

趙希遠《蟠松雙兔》。

朱熙《牛》一卷。

崔白《兔》二，一軸作柴棘小叢，佳。

徽宗御畫《古木寒鴉嫩竹》，有御璽押。

王齊翰《巖居僧》，甚古，徽宗題，一胡僧筅耳，凡口鼻皆傾邪，隨耳所向，作快適之狀。

李公麟《慈孝故實圖》。

易元吉《竹石獐猿圖》，高宗題。

徐熙《戴勝梨花》。自董元至徐熙《梨花》，葉森於松雪齋屢見之。

米海岳書《寶章待訪録》，秦少游、黄庭堅題。公又有水檻，其中所藏尤多，不能盡記也。

琱玉盤螭環，白地上黑，雙螭。此環是葉森先人所贈與公者，甚佳。

又有白玉方頂簪一條，其玉白瑩，真絶品也。

白玉雙荔枝女環一對，可長三寸，并脚通碾，皆白玉也，甚精。此必女真后妃故物【一五】，惜乎其一微損。

方銅爐，四脚兩耳，饕餮面，回文，内有「東宫」二字，款色正黑。後歸張受益，其直十二錠，此鼎《博古圖》所無，在可疑之間。

圓銅鼎一，文藻極佳，内有款云「瞿父癸鼎」。

蛟脚大圜壺一，可受五斗米，滿身蛟螭文。歸之王氏，爲價六錠。

金絲商嵌小鼎，元賈氏，後送謝堂，十爐之一，文極細。後併高麗商嵌，歸之吴存齋，還銀四十兩。

靈壁石出香山，一座下有「雲根」二字，亦歸張受益。

【一五】女真　「真」原作「直」，據文意徑改。

又靈壁小山一，葉森曾見魏公靈壁石一，其大如拳，峰巒皆五列，公名之五老峯【一六】，手抓之拂之【一七】，皆有聲。米海岳故物也。

古玉筆格一。

圓端硯一，葉森見公一端硯若辟雍，硯名曰大雅。

又洮石，名緑漪，如玉斗樣。

古濟硯有「神品」朱字，本沈草庭物，製作極精，然滑甚不受墨。

京兆府所刻《東方畫贊》，比之今本字稍大。

趙子固倣湯叔野《霜入千林圖》，又作《水仙》一百一窠，中一株最大，號「百花朝王」。其後自跋云：「倣湯所爲，流落北方，子昂得之。」

子昂又云：「北方好事者收《紹興稽古録》廿册，皆高宗時所收三代古器，各圖其物，或青，或緑，或紅，各橅其欵于右，亦各有考證，如《宣和博古圖》而加詳，近世諸公所收者多在焉。」

周豐鼎，見《博古圖》第三卷，銘六字。子昂題詩云：「豐鼎制特小，周人風故淳。摩挲玉質潤，拂拭翠光勻。鑄法觀來妙，銘文考更真。平生篤好古，對此興彌新。」

【一六】公名之五老峯　「公」原作「分」，據寶顔堂本改。

【一七】抓之　「抓」原作「瓜」，據寶顔堂本改。

姚端夫燧號牧菴所藏

瑂玉盤螭，甚奇；　鮮于伯機　一古玉鈎，亦妙。　中議相易，不成。　葉森曾見姚先生此物，先生所收古銅器尤多，不止此玉螭也。

省齋鎮撫所藏

古瑂玉蟠螭，尤奇，一螭角有一小鼠，殊不可曉，或名云「太虚鼠」，又名「虚木相符」，皆不可曉。　云皆出太原之高辛一作柴。墓中，皆古玉也。　此物紅如血，黑如漆，白如酥，五色備具，真神品也。

天台謝奕修養浩齋所藏

虞永興《頭眩帖》，有「機暇清賞」及「潞國公珍玩」、「簑笠軒」印，「紹興」小璽。

顔魯公《鹿脯帖》，《乞米帖》，倩仲跋。

楊少師手帖。

李西臺詩。

蘇滄浪草書。

東坡醉草。

温公帖。

陶隱居小楷《大洞真經隱訣》，後有林希父子題。

秦少遊數帖。

周越書《劍器行》。

唐《劉良驅元陵挽郎告》，貞元八年三月廿四日，三省長官董晉，領吏部選袁滋，知吏部選杜黄裳，尚書右丞趙憬，郎中韋夏卿。

唐《陳尚庭縣尉告》，天寶三載，丞相李林甫、韋陟、景融三人名後又稱「陳尚庭四十三載」。按天寶改年爲載，而人之年齒亦以載代，未通也。告身乃用羅文紙，殊不可曉。

後有向若水跋。

趙昌《梨花》，千里收附。

楊補之《四清圖》。

吴越承制，大略如誥敕，後書「天下兵馬元帥尚父吴越王」銜。

王晉卿八帖皆與親賢宅諸王書，内有送酒一帖云：「瀑釀四器納上。」以瀑釀酒，可謂好奇。

東坡《救月圖併贊》，畢良史印，小米攻媿齋跋。

蘇氏譜系帖，自蘇源明、坡、潁而下【一八】，凡五世，世各有十餘帖，爲六巨帙。平生所觀蘇帖未有如此之多且旨也。

米老自畫宅圖，又小楷三帖《珊瑚》等十帖，米老親書楷書畫法，并《青山白雲圖》。米老《辨印帖》詞云：「綏平郡名卯里右政者，中有省文。有人收古印，文曰『相侯宣印』，乃是丞相富民侯薛宣印。最小繆篆，乃今所謂『填篆』也，用辨私印二字。尚書禮部員外郎米芾審定。」

蔡君謨朱書青紙上大字。

東坡書《繡觀音贊》。

吴越王判狀二，並《贊甯狀》，忠懿王草書判字一，花押。

李後主畫《戲猿》，後有「建業文房」之印。

韓滉《子母牛》，有錢氏合章大印。

徐熙《出獵圖》。

戴嵩着色《飲水牛》，高宗題，乾卦印。

唐畫二佛。

郭熙《雪獵圖》。

伯時畫《九歌》，曹緯、吴傅朋跋。

【一八】潁　原作「穎」，徑改。案：「潁」指蘇轍，號「潁濱遺老」。

張萱《煎茶圖》。

唐《日本大荒西經圖》，思陵題，乾卦印。

胡虔《獵騎圖》。

以上共三十五卷，多賈師憲故物，後以此送謝堂，堂不能保，歸之起翁，起翁今亦不自保也。

陳氏所藏

顧愷之《初平叱起石羊圖》【一九】，高宗題，乾卦印，紹興小璽。顧愷之《吴王斫鱠圖》，紙畫，後有「元祐丙寅」四字及乾卦印、紹興小璽。

菊坡趙待制所藏

韓滉作《嵇康像》。

宣和御畫水墨《草蟲》，後題云「紫宸殿游戲」并御押、御印。又作《百合萱草羣蚓圖》，蚓甚佳。

黄筌《雪鶻圖》，高宗題。

易元吉《乳貓圖》。

【一九】初平叱起石羊圖　原作「初平叱石起羊圖」，據寶顔堂本改。

艾宣《野皃》。

孫知微《九曜圖》。

崔白《野皃》

黄筌《梅竹白鷴》。

石恪《鍾馗》。

趙希遠紙畫《百勞》二。

古畫二，一作五丁開山，一作帝仙對弈，上有飛鬼，下有神馬，疑是石恪畫。

山谷大字《發願文》。

唐畫人物二，又《梅枝上鷹》一。

崔白《野皃》雙幅，紙上《草蟲》二，作茴香薄荷，尤奇。

宋秘書省所藏

乙亥春，秘丞王汝濟以蓬省司點邀予偕行，於是具衣冠，望拜右文殿，然後遊道山堂，堂有坡仙所作竹石，歷汗青軒，登渾儀臺，觀銅渾儀，儀色澤如銀、如玉，精緻特甚。後步玉渠，登秘閣，閣内兩傍皆列龕，藏先朝會要及御書畫，別有硃漆巨匣五十餘，皆古今法書名畫也。是日僅閲秋、收、冬、藏内畫，皆以鸞鵲綾、象軸爲飾，有御題者則加以金花綾。

每書表裏皆有尚書省印，關防雖嚴，往往以僞易真，殊不可曉。其佳者有：

董元《笑虞丘子圖》。

唐模顧愷之《説經圖》。此二畫絶高古。

李成《重巖寒溜圖》。

孫太古《誌公像》。

展子虔《伏生》。

無名人《三天女》，亦古妙。

燕文貴紙畫山水小卷，極精。

趙士雷《湘鄉小景》。

符道隱山水。

關仝山水。

胡瓌《馬》。

文與可《枯木竹石》。

陳晦《栢》。

餘悉常品，亦有甚謬者。通閲一百六十餘卷，絶品不滿十焉。余想像書之，以爲平生清賞之冠。

董震齋德時所藏

購得括蒼葉氏召公尊，其蓋細花，欵文極精妙。尊腹有五指掐文，中有欵，細十字，真三代之奇物，《博古圖》有之，俗名手捏尊。後以開元宫遺火，失其蓋，送之張萬户之子焉。

教化參政所藏

癸字鼎初出蕭山張稱孫家。其制三足兩耳，其饕餮圓雷文粗細花相間，儼然一局罏耳【二〇】。第青緑自内出，外則裹之以褐色，光瑩可愛，内有三字欵文，狀卄目𣏟，然其樣則不古也。沈大馨得之，以爲奇貨，既而董瓚者欲得之，遂酬以善價。後歸喬氏，復歸教化參政矣。余自世變以來所見香鼎多矣，未有如内字欵者爲佳。此賈師憲第一器，後歸謝堂，又歸駔者珠陳家，又歸僧祐德巖，今不知歸之何人。

張氏收

宋太祖御書一紙，前據殿前軍馬數次，有御筆兩行云：「我自别勾當公事，誰要汝具人數來。」後復有太祖御書字印，其下有封禪鹵簿使印，印上書「臣陳康伯」四字。

【二〇】儼然一局罏耳　「一」原缺，據寶顔堂本補。

劉漢卿所藏

回回刀一，小口，背上皆金錯，出回回書，内金錯出一人面獸，精甚。聞回回國主所佩者。

趙德潤藏

一鏡杏葉樣，背有大鐵環，乃掛鏡也。上有銘云：「人有一口前牛無八角牛口走」，殊不可曉。下有一牛轉頭，前有草一叢，下篆「辟祟驅邪」，兩傍亦有字，細考之，乃「丙午造」三字，其下牛與草必寓年號耳。

張夢符孔孫曰：「今御府有寶硯曰『蒼龍横沼』，内有龍形横硯沼中。趙子昂云：蒼龍者，世所謂岩花是也。今在集賢院中。又有聚寶硯，玉板太乙船，無眼而温潤。皆寶硯也。」

琴則「春雷」爲第一，向爲宣和殿萬琴堂稱最，既歸大金，遂爲章宗御府第一琴。章宗挾之以殉葬，凡十八年復出人間，略無毫髮動。今又爲諸琴之冠，蓋天地間尤物也。

又有唐氏所斲「玉振」及「黄鵠」、「秋嘯」，皆瑟，瑟徽白玉，「焦尾」，岳軫足。

又有所謂「混沌」，材自高麗來，亦異寶也。

又有殷玉鉞，長三尺餘，一段美玉，文藻精甚，三代之寶，宣和故物。後歸大金，今在御府，每大朝會，必設之外庭。

高彦敬二琴，其一，後題「金儒鳴玉，唐大中五年，處士金儒斲」，於琴名下刻「高士談家寶藏」六字【二一】，爲人削去，尚有書迹。此琴乃宣和御府故物，後歸大金高士談家。金人以與宋通被殺，故或者諱而去其字。其色赤如新栗殼，斷文隱起如蛇虬，誠奇物也。其一，三足鼎峙，皆美玉，咸通二年張鉞斲，欵用小篆，精妙，又有銘文，漫漶不可識，但見「龍鳳取像」等數字【二二】。

彦敬又藏蒲序墨一笏，甚古，上有數十字，佳品，其下光澤可愛。恐在廷珪之前。

廉御史廷臣所藏

琴名「玉澗鳴泉」，咸通二年西蜀雷迅斲。

廉端甫所藏

琴名「雙響」，慶曆五年道士衛中正奉聖旨斲，崇甯三年馬希亮奉聖旨重修。

喬仲山收「冰清」，大中祥符年西蜀郭亮斲，馬希仁修。

廉端甫又藏一琴名「秋籟」，唐三慧大師斲。

【二一】處士金儒斲於琴名下刻高士談家寶藏六字　寶顔堂本作：「金儒斲此琴，其名鳴玉，下刻高士談家寶藏六字。」

【二二】龍鳳取像等數字　原作「龍鳳等取像數字」，據寶顔堂本改。

鮮于伯機收唐琴，張鉞斵，僧智仁重修。

郭北山收唐琴「萬壑松」，白玉軫足。

張受益收「懷古」，斷文如絲髮而赤色。

又一琴名「霜鐘」。

李公略收雷威「百衲」琴，雲和樣，内外皆細紋，腹内容三指，内題「大宋太平興國七年歲次壬午六月望日殿前承旨監杭州瓷窑務趙仁濟再補修」，進入吴越國王宫。「百衲」雷威琴極薄而輕，異物也。

古今斵琴名手：

唐雷霄、雷威、雷珏、郭亮，並蜀人【一三】。

張鉞、張□、沈鐐，皆江南人。

蔡睿、僧智仁、衞中正，慶曆中人。

朱仁濟、馬希亮、馬希仁，崇甯中人。

金淵，汴人，紹興初妙手。

金公路，所謂金道者，琴薄而清，紹興初人。

陳亨道，高宗朝，琴厚而古。

近世有嚴樽，古清之祖。

【一三】唐雷霄　原無，據宝顔堂本補。

馬大夫，向居癸辛街。

梅四官人，古清妻父。

龔老應奉。

林杲東卿，石橋之父。

林石橋云：「近世琴之有名者，如趙郡丞之『大雅』，黄玉軫足。又『松雪』，亦蘭坡物，今歸趙子昂。趙節齋之『浮磬』，樊澤卜氏之『奔雷』，吴沂詠齋之『存古』，今歸張受益。張佑之『萬壑松』。」

南北名琴：北人粘合文卿云：「古琴絶品皆聚於宣和，後悉歸之大金。今散落現存者，如『春雷』，蜀人雷威作，賜傅初庵，可以爲冠。其次『玉振』，藏隆福宫，『石上清泉』古篆書，不知作者。都下陳天賜家『寒玉』，沈鐐作。宋少卿家『冰清』，唐郭亮作。喬仲山『百衲』，雷威作，内外皆漆，吴越重修，恐即李公略者。『響泉』即蔡邕所傳，開成至寶，少府監收列小樣，雷霄、雷文斲。」【二四】

「秋嘯」，内府之物。「秋塘寒玉」，雷氏斲，唐承旨收。「冠古韻磬」，唐張鉞斲，在李學士家。又隋人趙取利所斲一張，在余家。

褚伯秀云：「江南李後主常詔徐鉉，以所藏前代墨跡爲古今法帖入石，名《昇元帖》。然則在淳化之前，當爲法帖之祖。」

【二四】響泉……雷文斲　此條原無，據清鈔本補。寶顔堂本亦有此條，但在「秋嘯内府之物」句下，且字句有出入。

襲聖予云：「《禊序》有大業間石本，其後有隋諸人銜位。然則在智永未藏之前，此帖亦嘗入御府矣。」

又見伯機仲山言有所藏貞觀御府書畫譜。以上三者余皆未之見也。

嘗見汪龍溪彦章一帖云：「去年得下血疾，半年有餘。今春誤食胡桃，復嘔血升餘，始知胡桃能下血。」汪不善書，僉名葉如此寫【二五】。

高宗御府手卷，畫前上白引首，縫間用乾卦圓印，其下用「希世藏」小方印，畫卷盡處之下用「紹興」二字印。墨跡不用卷上合縫卦印，止用其下「希世」小印，其後仍用「紹興」小璽。

徽宗朝墨跡，用天水雙龍縫印及泥金御題淡金狹簽頭。

余家有火浣布尺餘，外祖知泉州日得之里人，後歸余家。

又蠟沉一枝，重二十兩【二六】。

長生螺數枚，置之醋中則活【二七】。

瑪瑙盞二隻，其一純白，中有金鱓魚一條；其一純紅，中有白鰍魚一條。

沉香連三暖閣，窗槅皆鏤花【二八】，其下替板亦然，下用抽替，打篆香在內，則氣芬郁，終日不散。前後皆施錦繡簾，掛瓶皆官窰【二九】，粧飾侈靡，舉世未有。後獻之福邸。

先子向寓杭，收奇異書。太廟前尹氏嘗以綵畫《三輔黃圖》求售，每宮殿各繪成圖，

【二五】僉名葉如此寫　「葉」原作「業」，據寶顔堂本改。

【二六】又蠟沉一枝重二十兩　此條原無，據清鈔本補，寶顔堂本亦有此條，作「又蠟沉重二十四兩。」

【二七】置之醋中則活　「醋」原作「鮓」，據寶顔堂本改。

【二八】窗槅　「槅」原作「隔」，據清鈔本改。

【二九】前後皆施錦繡簾掛瓶皆官窰　寶顔堂本「簾」下有「後」字。

甚精，後爲衢人柴氏所得。近者左藏庫變賣禁中故書，内有出相綵畫《本草》一部，極佳。

米氏研山，後歸宣和御府，今在台州戴覺民家。

大衍庫出售雜物時，有靈壁小峰，長僅五六寸，高半之，玲瓏秀潤，所謂胡桃皮、沙背、水道皆有之。於上峯之半，有圓白小月，瑩然如玉。徽宗御書八小字刻於峯傍，云「山高月小，水落石出」，略無琢刻之跡，真奇物也。

元豐間，米老自號鹿門居士，其印文曰「火正後人芾印」，其後並不見用之。

趙子俊孟籲藏一爵，其欵云「自火」，色黑而褐，亦佳物也。但一足已折，粘綴于上，爲可惜耳。

東坡詩卷，近世跋云：「觀此真跡，始覺僞者甚可笑也。」亦善下語云。

三代遠矣，鼎彝之器傳至於今者絶少。或僅而傳，類多損缺，勢使然耳。今世收古之家必以其完，殊可笑也。其間自有一種而文藻精細者，往往皆宣和間禮製局依仿而造，今人見其完備，乃以爲真三代器，尤爲可笑。余嘗得三代器之不完者，其饕餮一羊首，瑩如緑玉，其傍乃黄銅耳。蓋古鑄器用黄銅，歲久自然丹碧，其元質不變者正黄銅。其後乃用藥煙薰染而成，殊失古意。

何道士收古玉圭，出自土中，玉色類碔砆，長一尺三寸，廣三寸五分，厚八分，其上甚鋭，其下所執處隆起二分，其底有竅，廣一寸而撱，或半寸許，[illegible]與他圭製絶異，當考。

三十八代天師張廣微與材所藏

玉印一紐，方二寸，厚一寸，把手又高寸許，一璞所成。其文曰「陽平治都功」，印凸，鑽碾甚精美，玉色亦温潤。

法劍一口，玉靶，靶上兩面皆有篆字二行，每行十餘字。劍長四尺許，兩面皆鈿紫金，作法篆【三〇】。其一面略記有文：【三一】，月内有飛兔【三二】，春夏秋冬，其下三台、北斗。其一面字不能辨，最下作「雲、雷、電」三字。劍兩面俱有鋒鋩，無缺蝕。

蓋自漢到今千七百年，累代所持以立教，止此二物耳。

又出御賜玉圭，約長尺五寸，廣四寸，厚一寸餘，瑩然白玉，略無纖瑕，上鋭下方，圭面碾四小山：。乃思陵所秉鎮圭也。

又玉佩二，環玦等八事，穿以大珠，亦宋諸帝之佩。

又金冠一，甚大，并頫仰簪，共用黄金二十五兩，前爲北斗，後爲南斗，每面嵌紫金捺子五粒，斗星皆大鋭珠，大如彈者爲之。通計大白北珠三十四粒。頫仰如意簪亦嵌大珠。

法衣一領，所謂納失失者，皆織渾金雲鳳，下闌皆升龍。

【三〇】作法篆　「篆」原無，據寶顔堂本補。

【三一】　原作「日」，據寶顔堂本改。

【三二】月内有飛兔　「飛兔」原無，據清鈔本補，寶顔堂本「飛」字空缺。

《絳帖》第九卷《大令書》第四行内「面」字，右邊轉筆全不成字，正在石破處，隱然可見。今乃無其「面」字，下一字與第五行第七字亦不同。又第七行第一字舊本行書「正」字，今本乃草書「心」字，筆法且俗。以此推之，今之所見多非舊本。

賈師憲丞相《祭器銘》曰：「維景定三年正月一日，詔太傅丞相賈公似道，奕世勳勞，再造王室，其錫家廟于行都，乃作俎豆，供奉時薦。」有「子孫永保」之欵。

余家有《墨粧圖》，不知所出。後見周宣帝傳位太子，自稱「天元皇帝」，禁天下婦人不得粉黛，自非宮人者黄眉墨粧，方知所出。

續集

逢澤湯允謨仲謀著

總管太中濼陽趙伯昂仁舉所藏器

羊鐙一，内有款曰「南宫羊鐙」。

古伯彝蓋一，色青緑，花瑩可愛，上有把鈕，爲人盗去。

又有兩鼎，内有欵識，字尤多，在底下，甚佳。

玉馬一，高五寸有奇，雕琢極精，作嘶鳴狀如生，玉色温美。古玉色如此樣有十餘枚，或大或小，或有文或無文，或青或緑，長不滿寸，蓋人綰繩之物。

玉人一，高五六寸，束髮於頂，餘髮被腦後，衣垂至地，不見足。色温潤，與馬同。人如顧愷之所畫《列女圖》中人物。

子母蟠螭玉鈎環，徑六寸，螭身白，頭紅，子亦紅，走母腹上，作相視之狀，宛然如生。紅如荔枝，白如酥，製作精巧，通前人馬，爲諸玉之冠。

楊庭光《下生如來像》，思陵題，乾卦印，如來衣朱衣，坐圓光内。

王右軍《司州帖》，古黄紙書，金章宗泥金書簽，明昌七印全。

又《屏風帖》，硬黄紙書，徽宗泥金題簽，首尾天水、宣、政、内府圖書等印並全。

吴元瑜《瑶池圖》二卷。一作王母，冠玉冠，乘金車，駕二龍，前後女從各執旌節導引，攀龍撫鸞者亦二髽髻女童，甚奇。卷尾作大池，即瑶池也。一作穆王坐金殿，據金椅，而王母與一峩冠婦人鼎峙而坐。彼云右坐者上元夫人也。畫極精緻而有院體。前後「政和」七印，祐陵題【一】。《宣和畫譜》云三卷，今止二卷。

吴元瑜《梅竹雪雀圖》有「明昌」七印。

西域貝葉一片【二】，長二尺餘，高只二寸半，即今西番字葉，色如蒲，裏經細竹簾二片【三】，内有識字云「大蜀皇帝賜撫州溥山院」。今世畫上作羅漢誦貝葉經像，多作手持樹葉，其謬可笑。

古墨

潘衡墨一，已斷，上有「潘衡」二字，約重四兩，背有金填篆書「墨成不敢用，進上蓬萊宫」【四】。

宣和雙龍一笏，祐陵書八字云【五】：「政和丙申宣和睿製。」

俞林一笏，題「順慶殿」，殿名未審，當再考。

【一】祐陵　原作「佑陵」。案：宋徽宗陵名「永祐陵」，故以「祐陵」稱徽宗，據以改。

【二】一片　寶顔堂本及清鈔本作「二片」。

【三】細竹簾　「簾」原作「片」，據寶顔堂本改。

【四】蓬萊宫　「萊」原作「菜」，據寶顔堂本改。

【五】祐陵　原作「裕陵」。案：「裕陵」指宋神宗。寶顔堂本作「佑陵」，「佑」當作「祐」，據以改。

劉士元一笏，題云：「緝熙殿，乙未星砂。」

胡光烈黑犀一笏。

郭忠恕鏡湖方氏一笏，劉文通一笏。

郭玘一笏，上題「緝熙殿」。

宣和天水雙龍印，有方圓二樣，法書用圓，名畫用方。

宣和、明昌二帝題簽，法書用墨，名畫用泥金。

明昌七印，其一曰內府葫蘆印，其二曰羣玉秘珍，其三曰明昌珍玩，其四曰明昌御覽，其五曰御府寶繪，其六曰明昌中秘，其七曰明昌御府。

祝君祥永昌收

趙千里《釋迦佛行像》一，下有細字云「臣伯駒奉聖旨畫」。其像廣目深眉，螺髮大耳，耳垂二大金鐶，螺髯而虬鬚，頂有肉髻，左眉放光一道，衣紋腹腿，隱隱可見。筆法極佳，宛然西域一胡僧。

端硯一，背有黑紋者皆成細花【六】，面有鐫篆字兩行，云：「王次張漢老舊坑下巖【七】，子子孫孫，其永寶用。」沼貯水不涸，其樣如此。王次張，高宗紹興中爲肇慶通判。此硯乃賈秋壑物也。

【六】黑紋　「黑」原作「墨」，據寶顏堂本改。

【七】舊坑　原作「水坑」，據寶顏堂本改。

山居太史楊瑀所藏

古玉天禄，長一尺餘，背起一竅，身皆水銀，古如虎斑文，爪牙製作極精巧。

銅虎符一，全體具存，背上篆云「某處發兵待行」，腹下分書十干，唯戊癸二字合全，餘八字皆平。腹内作牝牡五竅，鬭合之則一全虎也。往往有漢虎符者，褚雪巘及吾貞白所收皆如是。符牌樣上鑄一小虎形，下云「某處發兵」，或左右，或止有一邊。今此全虎形，亦異矣。

竹龜一，乃以老竹片製【八】，首尾四足皆他竹外來者。竅小，兩頭倍大，可轉動而不可出，故用縱横之竹，紋理顯然。背上負三接碑牌一面，兩側有轉動者，亦是外來之竹。首大腰細，不知何法得入。雖巧於製作，亦罔測之，或云鬼工也。

奇石子一，色青而質粗，大如鵞卵形差匾，上有兜廛觀音像，天然如畫，或加磨洗，精神愈見。

又瓊漿石，漿水瑪瑙也，二寸許，乃塊石耳，觀之則滴水在内，摇之則上下流動，古玉畫也。《圖畫志》云：「張文懿公某有玉畫。」或疑其故物云。

智永石刻《千文》、《九成宫》，石刻皆金士孫所槧。

余見施家有一手卷，錦表首漢王元昌《羸馬圖》，上寫：「廣德一作政。元年七月奉旨

【八】乃以老竹片製　「以」原作「一」，據寶顔堂本改。

撿入，漢王元昌畫，臣嚴欵之，臣陳淨心進。」上有龍鳳印，紹興印，乾卦七印，餘一印不分曉。

鮮于伯機有「震雷」琴，是許旌陽手植桐作，琴背旌陽印劍之跡宛然。

又有黄素《黄庭經》，飄飄有仙氣，有楊玄靖、許穆之印，陶穀、米芾跋。

余見某家藏宋徽宗御筆，作一胡鷹，紅緑皮圈，足前有一馬，缺足，栗殻色，甚奇特。

又有滕王《雙蝶穿花》，上有一押印，亦真跡也。

東坡《竹》。

昔漁者于江邊見雷公逐一小黄蛇，擊殺之，化爲劍，背有八字「許旌陽斬蛟第三劍」，蓋至寶也，今在張伯雨家。

趙雍家有閻立本作《十八學士圖》，于中虞世南、房玄齡最佳。

余家舊藏林邑進《鸚鵡圖》，蓋唐貞觀時經進，太宗以其思歸，并二女皆放之「放之」一作「送」。還國，乃閻立本真跡也。

楊元誠家所藏

唐王建親書宫體小詩一百二十首，蓋《宫詞》也，極其宛轉妖麗，今人罕能及。後有錢武肅王印

，押「龍」。蓋宣和内府物也，其字皆章草【九】。

余見薛玄卿示以銅雀香鼎一，兩耳有二龍，交蟠宛轉，目各有珠，能轉，又取不出。蓋紹興古物，亦希世之寶也。

靳公子家所藏

錦川石，長五丈餘，蓋宣和後宰門所謂艮岳前河梁也，石色紫碧相間，皆成文理，近世罕得。今藏戚順王家。

余家舊藏司馬文正公手録富鄭公《使北日抄》一卷，其長五尺，大字書【一〇】，雖若古拙，而首尾端書如一，豈像其平生行止耶？史稱公之至誠可以動天地，此卷見之。丞相益國公周必大子充爲之跋。賈師憲物也。

【九】押龍……皆章草　「龍」字以下原作另行，據清鈔本改。「龍」清鈔本作「此」。

【一〇】其長五尺大字書　寶顔堂本作「其長五六丈字畫」。

跋

弁陽老人所著《雲煙過眼録》，中附葉森、文璧二氏所見與湯允謨《續録》數頁，非盡周公之書也。世所傳抄與刻本皆譌舛不可讀，此爲張青甫所校，猶有未盡。余復重加考正，然其中錯亂無序者尚多，聊且録出，以備遺忘。戊午三月廿二日，京師横街。時余病口糜，食粥一月矣。林村題。

⊙周　密輯

澄懷録

黄寶華　整理

點校説明

《澄懷録》，周密輯。周密生平已見《齊東野語》點校説明。據周密自序，此書之輯蓋繼呂祖謙編輯《卧遊録》之意，而呂書之意又出自南朝劉宋之宗炳，炳雅尚山水之遊，晚歲感嘆：「老疾俱至，名山恐難遍睹，唯當澄懷觀道，卧以遊之。」（《宋書・隱逸傳》）周密所輯原附於呂書卷末，「名之曰澄懷，亦高山景行之意」，周密於自序之末識曰「書於浩然齋」，則其所輯當屬其晚年。

本書分上下兩卷，所輯録者均爲山水遊記，凡七十餘條，其意不止展示遊觀之勝，更在於攄發其曠遠之澄懷，寄託故園之情思。所録文字，部分或標作者名號，或注書名，但大部分不標出處，見出其率性爲之的態度。《四庫全書存目》收録此書，稱「亦《世説新語》之流別而稍變其體例者也。明人喜摘録清談，目爲小品，濫觴所自，蓋在此書矣」。評價不免過高。

此書較早的版本爲明鈔本。北京圖書館藏有明嘉靖二十六年（一五四七）古涿百川高（儒）氏鈔本，此本曾爲傅增湘雙鑑樓收藏，現經影印收入《四庫全書存目叢書》。北京圖書館藏有芝秀堂明鈔本，此本出自松江韓氏，後歸周叔弢，傅增湘曾據以校勘，並著題記，署「歲在乙亥」（一九三五）。此本的影印本收入《續修四庫全書》。南京圖書館藏有兩種鈔本，均爲丁丙八千卷樓所藏。刻本有清《榕園叢書》本，據光緒四年（一八七八）番禺李光廷跋，此本乃浙江巡撫三寶於乾隆三十八年(一七七三)所採進的吴玉墀家藏鈔本。今有鄧子勉先生之點校本,收入遼寧教育出版社出版的《新世紀萬有文庫》。此次整理,以《榕園叢書》本爲底本,校以影印之芝秀堂鈔本及百川高氏鈔本。

校勘記

序

澄懷觀道，卧以遊之，宗少文語也，東萊翁用以名書，蓋取會心以濟勝，非直事遊觀也。惟胸中自有丘壑，然後知人境之勝，體用之妙，不在兹乎？余夙好遊，幾自貽戚，晚雖懲創，而煙霞之痼不可針砭，每聞一泉石奇、一景趣異，未嘗不躍然喜，欣然往。愛之者警以曩事，則悚然懼，慨然嘆曰：人生能消幾兩屐？司馬子長豈直以遊獲戾哉！因拾古今高勝、翁所未録者，附於卷末，名之曰「澄懷」，亦「高山」、「景行」之意也。近世陳德公輯遊志，然不過追古人之陳迹，非此之謂也，嘗别續爲一書云。三齊周密公謹父書於浩然齋。

目録

卷上

王摩詰輞川與裴迪書云：「北涉灞水，清月映郭，夜登華子岡，輞水淪漣，與月上下，寒山遠火，明滅林外，深巷寒犬，吠聲如豹，村墟夜舂，復與疎鐘相間【一】。此時獨坐，僮僕靜默，多思曩昔攜手賦詩，步仄徑，臨清流也。當待春中，草木蔓發，春山可望，輕鯈出水，白鷗矯翼，露濕青皋，麥隴朝雊，斯樂不遠，儻能從我遊乎？」

江南李建勳以司徒致仕，賜號鍾山公，嘗蓄一玉磬尺餘【二】，以沉香節安柄，扣之聲極清越。客有談及猥俗之事語者，則急起擊玉數聲，曰：「聊代清耳。」一竹軒，榜曰「四友」：以琴爲嶧陽友，磬爲泗濱友，《南華經》爲心友，湘竹榻爲夢友。

自江之南，衡、廬爲大，其他皆培塿耳。不獨江之南，校之天下，無此二山，乃天地開設【三】、古今賢聖之宅。衡周圍七八百里，廬周圍二百餘里，其間更無民田，一皆寺觀，故一方之勝【四】，甲冠天下。然衡山林木茂而水少，廬山林木不及衡而水多，而復附近中州，遊息之士所當先焉。嘗思之每一寺爲留十日，比其匝二山，身已老矣！顧視塵世，是何土苴！ 浮休

窮居荒涼，草樹茂密，出無驢馬，因與人絶，一室之内，有以自娛。 昌黎

校勘記

【一】復與疏鐘相間　「間」原作「聞」，據芝秀堂鈔本（以下簡稱「芝本」）及王維《山中與裴迪秀才書》改。

【二】蓄一玉磬　「蓄」原作「出」，據百川高氏鈔本（以下簡稱「高本」）改。

【三】天地開設　「設」原作「没」，據芝本改。

【四】一方之勝　「勝」原作「力」，據芝本改。

把鋤荷鍤【五】，決溪泉，爲圃以給茹，其隙則浚溝池，藝樹木，行歌坐釣，望青天白雲，以此爲適，亦足老死無戚戚者。時時讀書，不忘聖人之道。已不能用，有我信者，則以告之。柳州

但願守陋巷，教養子孫，時與親舊敘離闊【六】，陳説平生，濁酒一杯，彈琴一曲，志願畢矣。《絶交書》

宋文帝與蕭思話登鍾山北嶺，中道有盤石清泉，使思話於石上彈琴，因賜以銀鍾酒，曰：「相賞有松石間意。」

謝譓不妄交接，門無雜賓，有時獨醉，曰：「入吾室者，但有清風；對吾飲者，惟有皓月。」

袁粲領丹陽尹，獨步園林，詩酒自適，家居負郭，每杖策消遥，當其意得，悠然忘返。郡南一家頗有竹石，粲率爾步往，不通主人，直造竹所，嘯咏自得。

晉張天錫數宴園池，祭酒索商上疏諫之，天錫答曰：「吾非好行，行有得也。觀朝榮則敬才秀之士，翫芝蘭則愛德行之臣，觀松竹則思貞操之賢，臨清流則貴廉潔之行，覽蔓草則賤貪穢之吏，逢飈風則思凶狡之徒。若演而伸之，觸類而長之，庶無遺漏矣。」

江平入天，越峯如髻，越樹如髮，孤帆白鳥點盡上聲。凝在【七】。半夜酒餘，倚老松，坐怪石，殷殷潮聲起於月外。杜牧

【五】把鋤荷鍤　「鋤」原無，據高本及柳宗元《與楊誨之第二書》補。

【六】敘離闊　「離」原無，據嵇康《與山巨源絶交書》補。

【七】凝在　原作「疑在」，據高本、芝本改。

每登高丘，步邃谷，延留燕坐，見懸崖瀑流，壽木垂蘿【八】，閟邃岑寂之處，終日忘返。种放

歲行盡矣，風雨淒然，紙窗竹屋，燈火青熒，時於此中有少佳趣。坡翁

坡自海外歸毗陵，病暑，著小冠，披半臂於船中，夾運河千萬人隨觀之。坡顧坐客曰【九】：「莫看殺我否？」

吾始至南海，環視天水無際，淒然傷之，曰：「何時得出島耶？」已而思之，天地在積水中，九州在大瀛海中，中國在小海中，有生孰不在島者。覆盆水於地，芥浮於水，螘附於芥，茫然不知所濟，少焉水涸，螘即徑去，見其類，出涕曰：「幾不復與子相見。」豈知俯仰之間有方軌八達之路乎？念此可以一笑。

坡守杭日，春時，每遇休暇，必約客湖上，早食於山水佳處。飯畢，每客一舟，令隊長各領數妓，任其所適。晡後，鳴鑼以集之，復會望湖樓或竹閣之類，極懽而罷。至一二鼓，夜市猶未散，列燭以歸。城中夜市士女雲集，夾道以觀千騎之還，寔一時之盛事也。

僕居中陶，稼穡是力。夏秋之交，稍旱得雨，雨餘徐步，清風獵獵，禾黍競秀，濯塵埃而泛新綠，乃悟淵明「平疇交遠風，良苗亦懷新」之句。

得罪以來，深自閉塞，扁舟草屨，放浪山水間，與漁樵雜處，往往爲醉人所推罵，輒自喜漸不爲人識。平生親友無一字見及，與之書亦不答，自幸庶幾免矣。並坡

【八】壽木垂蘿　「木」原作「水」，據高本、芝本改。

【九】坡顧坐客　「坡」下原有「觀」，據高本、芝本刪。

臨臯亭下八十餘步，便是大江，其半是峨眉雪水，吾飲食沐浴皆取給焉，何必歸鄉哉！江山風月，本無常主，閑者便是主人。《題臨臯》【一〇】

紹聖元年十二月十二日，與幼子過遊白水佛迹院，浴於湯池，熱甚，其源殆可熟物。循山而東少北，有懸水百仞，山八九折，折處輒爲潭，深者縋石五丈不得其所止，雪濺雷怒，可喜可畏。水涯有巨人跡數十，所謂佛跡也。暮歸倒行，觀山燒火甚。俛仰度數谷，至江山月出，擊汰中流，掬弄珠璧。到家二鼓，復與過飲酒，食餘甘煮菜，顧影頹然，不復甚寐。《遊白水》並坡

蘇後湖云：余每讀蘇州詩「漠漠帆來重，冥冥鳥去遲」之語，未嘗不茫然以思，喟然而嘆：嗟乎【一一】！此余晚泊江四十年前夢耳【一二】。自余奔走南北，山行水宿，所歷佳處固多，欲求此夢，了不可得。豈蒹葭莽蒼，無三湘七澤之壯；雪蓬煙艇，無風檣陣馬之奇乎？抑吾且老矣，壯懷銷落，塵土汩没【一三】，而無少日煙霞之想也？慶長筆端丘壑，固自不凡，當爲余圖蘇州之句於壁，使予隱几靜對，神游八極之表耳。

司空圖居中條山王官谷，一山皆流水，所至決決，與松石相亂。王欽臣詩云：「有錢須買王官谷，流水聲中過一生。」

李約人品高妙，好古、喜山水。嘗得蕭子雲飛白「蕭」字，載歸洛陽私第，作「蕭齋」以藏。又嘗得古鐵一片，聲甚清越。養一猿，名山公。每月夜獨泛江，登金山，擊鐵鼓琴，猿

【一〇】題臨臯　原無，據高本、芝本補。

【一一】喟然而嘆嗟乎　「嘆嗟」原作「嗟嘆」，據高本、芝本改。

【一二】泊江　原作「泊一江」，據高本、芝本删「一」。

【一三】汩没　原作「坌没」，據高本改。

必嘯和，酹酒達旦。亦能煎茶，嘗云：「茶須緩火炙，活火煎。」客至，不限甌數，竟日執茶器不倦。奉使陜州，至峽石縣東，愛其渠水清流，遂旬日忘返。

韋表微曰：爵禄譬滋味也，人皆欲之。吾年五十，拭鏡翦白，冒游少年間，取一班半級，不見其味也。將爲松菊主人，不愧陶淵明云。

陶通明脱朝服、掛神虎門，上表辭禄，隱居茅山，自號「華陽隱居」。復遍游名山，每經磵谷，必坐卧其間，吟咏不已，謂門人曰：「吾見朱門廣廈，雖識其華樂，而無欲往之心。望大巖，瞰大澤，知難久止，自常欲就之。永明中求禄，得禄輒差舛，不爾，豈得今日之事乎？」

昔人以冷泉未極其妙，因加小亭其上。然冷然水光，滃然山翠，以故去者過半。余以謂不必加工，但去其疣贅者，斯善也。如明鏡中而繢畫，非不美好，所以爲清明者逝矣。拂拭菑翳，舊觀復還。

廬阜咫尺，讀書少休，必到山中，所與游者誰也？古人觀名山大川，以廣其志意而成其德，方謂善游。太史公之文，百氏所宗，亦其所歷山川有以增發之也。惜其所用止在文字間，若使志於遠大者，雖近逐游、夏可也。呂居仁

逸少爲王述所困，自誓去官【一四】，超然於事物之外。常自言：「吾當卒以樂死【一五】。」然欲一時岷嶺，勤勤如此，而至死不果。乃知山水游放之樂，自是人生難必之

【一四】自誓去官　「誓」原作「擔」，據芝本改。

【一五】吾當卒以樂死　「當」原無，據高本、芝本補。

事，況於市朝眷戀之徒而出山林獨往之言，固已疏矣。

温公嘗同范景仁登嵩頂，由轘轅道至龍門，涉伊水至香山，憩石樓，臨八節灘，凡所經從多有詩，自作序，曰《游山録》。公不喜肩輿，山中亦乘馬，路險、策杖以行。故嵩山題字曰：「登山有道，徐行則不困；措足於平穩之地，則不跌。慎之哉！」

非有先生曰：養壽命之士，居深山之間，積土爲室，編蓬爲户【一六】，彈琴其中，以咏先王之風，亦可樂而忘死矣！

种放少時與其母隱終南山，結草茅爲廬，僅庇風雨。以講習爲業，後生多從之學，得其束脩以自給。嘗著蒙書十卷，既就徵，其母恚曰：「常勸汝勿聚徒講學。身既隱矣，何用文爲？果爲人知，不得安處。我將棄汝，深入窮山矣。」放遂稱疾不起，其母盡取筆研焚之，與放轉居窮僻，人迹罕至。

富鄭公云：宅居山水之人，其别有五：有貧以樵釣爲業者，有好釋老之學、欲逃生死者，有以德自矜、託名高尚而沽聘命者，有遭喪亂怖禍以避世者，有賢而不能用、退伏著書者。是五者，處山水則一，其所趨則異也。

耳目清曠，不設機關以待人，心安閒而體舒放，三商而眠，高舂而起。静院明窗之下，羅列圖史琴尊以自娱，踰月不迹公門，有興則泛小舟出盤、閶，吟嘯覽古於江山之間。渚茶野釀足以消憂，蒪稻魚蟹足以適口，又多高僧隱君子、佛廟勝絶。家有園林【一七】，珍花

【一六】編蓬爲户　「蓬」原作「篷」，據高本、芝本改。

【一七】佛廟勝絶家有園林　原作「佛廟勝家絶有園林」，據高本、芝本改。

奇石，曲池高臺，魚鳥留連，不覺日暮。蘇子美

江山清華，有可嘆愛，無良朋以共之，亦足憮然。半山

韓持國許昌私第，凉堂深七丈，每盛夏猶以爲不可居。常穎士適自郊居來，因問：「郊居凉乎？」曰「凉」。持國詰其故，曰：「野人自知無修簷大廈，旦起不畏車馬塵埃之役，胸中無他念，露頭挾扇，投足木牀，視木陰東摇則從東，西摇則從西耳。」語未竟，持國亟止之，曰：「汝勿言，吾心亦凉矣。」

持國爲許昌守，每入春，常設十客之具於西湖，且以郡事委僚吏，即造湖上，使吏之湖門，有士大夫過即邀之，入滿九客而止，輒與樂飲終日，不問其人。曾存之嘗以問公曰：「無乃有不得已者乎？」公曰：「汝年少，安知此？吾老矣，未知復有幾春，欲待可飲者而後從吾之樂無幾，而春亦不吾待也！」

晏元獻喜賓客，每有佳客必留，但人設一空案、一杯，既命酒，果實蔬茹漸至【一八】，亦必以歌樂相佐，談笑雜出。數行之後，案上已粲然矣。稍闌即罷，遣歌樂曰：「汝曹呈遍，吾當呈藝。」乃具筆札，相與賦詩，率以爲常。前輩風流未之有也。

元獻守南都，王琪君玉時已館閣校勘，公特請于朝，以爲府簽判。嘗遇中秋陰晦，齋廚宿爲備，公適無命，君玉亟爲詩以入曰：「只在浮雲最深處，試憑弦管一吹開。」枕上得詩大喜，即索衣起，徑召客治具，大合樂，至夜分，月果出，遂相與樂飲達旦。

【一八】既命酒果實蔬茹漸至　「既」原作「即」，「實」原無，據高本、芝本改補。

許詢好遊山澤，而體便陟涉，以爲非徒有勝情，實有濟勝之具。

温公謂文與可襟韻瀟灑，如晴雪秋月，塵埃不到。

爛蒸同州羔，灌以杏酪【一九】，食之以匕，不以筯。南都撥心麪作槐牙温淘，糝以襄邑抹豬，炊共城香稻，薦以蒸子鵝。吴興庖人斫松江鱸鱠，以廬山康王谷水烹曾坑鬭品，少焉，解衣仰卧，使人誦東坡《赤壁》前後賦，亦足以一快也。《侯鯖録》

宅有桑麻，田有秔稌，而渚有蒲蓮。弋于高以追鳧鴈之高下，緡于深而逐鱣鮪之潛泳。吾所以衣食其力而無愧於心也【二〇】。息有喬木之繁陰，藉有豐草之幽香。登山而凌雲，覽天地之奇變；弄泉而乘月，遺氛埃之溷濁。此吾處其怠倦而樂於自遂也。南豐《歸老橋記》

其路在閩者，陸出則阨於兩山之間，山相屬，無間斷，累數驛乃得一平地，小爲縣，大爲州，然其四面亦山也。其途或逆坂如緣絙，或垂崖如一髮，或側徑鉤出於不測之溪上，皆石芒峭發，擇然後可投步。負戴者，雖其土人猶側足，然後能進；非其土人，罕不躓者。其溪行，則水皆自高瀉下【二一】，石錯出其間，如林立，如士騎，滿野千里，下上不見首尾。水行其隙間，或衡縮蟉糅，或逆走旁射，其狀若蚓結，若蟲鏤，其旋若輪，其激若矢。舟溯流者，投便利，失毫毛，輒破溺，雖其土長川居之人，非生而習水事，不敢以舟楫自任也。其水陸之險如此。《道山亭記》

【一九】灌以杏酪　「杏」原作「店」，據高本、芝本改。

【二〇】無愧於心　「愧」原作「魏」，據高本、芝本改。

【二一】自高瀉下　「瀉」原作「溜」，據高本、芝本改。

張文潛云：余自金陵月臺謁蔣帝廟，初出北門，始辨天色，行平野中，時暮春，人家桃李未謝，西望城壁，濠水盛流，多鵁鶄白鷺。迤邐近山，風物天秀，如行錦繡圖畫中。舊讀荆公詩，多稱蔣山景物，信不誣也。

洪覺範云：予久不見養直，忽得其詩，想見岸幘醉坐，如行野渡，春色盎盎，於淳濃中自有一種清絶氣味。每遇勝日，輒有好懷，袖手哦古人詩足矣。青山秀水，到眼即可舒嘯，何必居籬落下然後爲己物？張子韶

廉正之士如竹間清風，露氣灑灑襲人，觀之者已覺心目頓快，况處其間，豈不意愛心賞！子韶

太醫孫昉號「四休居士」，山谷問其説，四休笑曰：「粗羹淡飯飽即休，補破遮寒暖即休，三平二滿過即休，不貪不妒老即休。」山谷曰：「此安樂法也。」夫少欲者不伐之家也，知足者極樂之國也。四休家有三畝園，花木鬱鬱，客來，煮茗傳酒，談上都貴游、人間可喜事，或茗寒酒冷，賓主皆忘。

今歲中秋，初夜微陰，不見月，吾與周子集適自山中來。是時暑猶未退，相與散髮披衣，坐溪上。二更後雲始解剥，三更遂洞徹澄爽，月色正午，溪面如鏡平。月在波間，不覺水流【一二二】，意甚蕭然，并溪居人樓閣相上下，時聞飲酒歌呼，雜以簫鼓。計人人皆以得極所欲爲至樂，然不過有狂樂淫聲【一二三】，不失此時節耳，安知吾二人真有此月乎？

【一二二】不覺水流　「覺」原作「解」，據高本、芝本改。

【一二三】狂樂淫聲　「樂」原作「藥」，據高本、芝本改。

縉雲南峯之東有崇真道院【二四】，謂之小仙都，一日可往返，乃乘間冒微雪過之。時臘已窮矣，迂折行山峽中，兩傍壁立，溪水貫其下，多灘瀨，遵溪而行，峻厲悍激，與雪相亂。山木攙天，每聞谷中號聲【二五】，風輒自上下，雪横至擊面，僕夫却立，幾不得前。既至，山愈險，雪愈猛，流益急，旁谿有數石拔起數百丈，不得倚附，其最大者二，略如人行，俯而相先後，俗呼名「新婦阿家石」，望之如玉筍，擁鼻仰視，神觀聳然，欲與之俱升。寒甚，不可留，乃還，至家已入夜。四山晃蕩盡白，不能辨道，索酒飲，無有，然松明半車，僅得温。今日一談，尚灑然也。

景修爲予言：往嘗以九月望夜道錢唐，與詩僧可久泛西湖，至孤山，已夜分。是歲早寒，月色正中，湖面渺然如鎔銀。旁山松檜參天，露下葉間，蕤蕤皆有光。微風動湖水晃漾，與林葉相射。可久清癯，苦吟坐中，凄然而寒，索衣無有，以空米囊覆其背，謂「平生得此無幾」。吾爲作詩云：「霜風獵獵將寒威【二六】，林下山僧見亦稀。怪得題詩無俗氣，十年肝膽湛清輝。」東坡

松，磊落昂藏，似孔北海； 檜，深密紆盤，似管幼安； 杉，豐腴秀澤，似謝安石； 柏，奇峻堅瘦，似李元膺。

景氣清潤，天無片雲覆流，叢竹交翳，月光與竹颭鑠相照射，濺流及衣裾不覺，至夜分乃歸。

【二四】崇真道院　「真」原無，據高本、芝本補。

【二五】每聞谷中號聲　「中」原作「山」，據高本、芝本改。

【二六】將寒威　「將」原作「捋」，據高本、芝本改。

平望、震澤間，東有泊宅村，相傳爲張志和所居。湖水平濶，望之渺然，澄徹空曠，四旁無甚山，遇景物明霽，見風帆往來如飛鳥，水天上下一色。予每過之，爲徘徊不忍去。

已上並葉少藴

茂叔襟懷飄灑，雅有高趣，尤樂山水，遇得意處，或徜徉終日。廬山之麓有溪焉，發源于蓮花峯下，潔清紺寒，下合於湓江。先生濯纓而樂之，築書堂其下，用其平生所安樂者媲水而成，名曰濂溪。元晦

游吴山，倏然獨坐，望海門二峯，隱然如天闕，潮來喧喧，如瀉天潢，大舶高檣往來出没，如泛天槎。又嘗游仙都，偃卧小舟，仰觀天柱石，純潔光潤如琢，本末齊一，高插雲漢，可五千尺。其傍數石，或如海舟檣，或如太常旂，皆且千尺餘。其四巖穴棲者【二七】，巖繚深穹然如廈屋【二八】，跨水者擊之有聲，蓬然如鼉鼓。夫觀錢唐江潮，猶猛夫之肝膽決裂，義士之怒髮衝冠。觀仙都天柱，猶直臣之氣不撓不折，拓地擎天。爲是而來游、而慨慕者幾何人？至於西湖所謂水樂洞者，泉激溜如蹄涔，石累拳如飯沙，游者駢肩累迹，嘖嘖咏嘆，至有遊而復游者，何也？移小智而忘大功【二九】，樂人僞者昧天成也【三〇】。劉子宣

草鞋道人善談理趣，吴人從游山，遇之，得其數詩，云：「君來遊山，頗見好景不？茲山景趣多，豈暇遍觀？但可意着眼熟看，看得熟時，他人見不到處，盡爲君有。」

凡山居者先須識道，未識道而先居山，但見其山，不見其道。故心境未通，矚物成壅，

【二七】其四巖穴棲者　「棲」下原有「巖」，據高本、芝本删。

【二八】巖繚深　原作「繚深」，據高本、芝本改。

【二九】移小智而忘大功　「忘」高本作「忌」。又宋・劉炎（子宣）《邇言》卷一二《志見》作：「務小智者忘大巧」。

【三〇】樂人僞者　高本、芝本作「樂爲人僞者」。

則鬱鬱長林、峩峩聳峭、鳥獸嗚咽、松竹森梢、水石峥嶸、風枝蕭索、藤蘿縈絆【三一】、雲霧氤氳，適足資其喧擾耳。永嘉禪師

長松怪石，去墟落不下一二十里，鳥徑緣崖，涉水於草莽間數四，左右兩三家相望，雞犬之聲相聞，竹籬草舍，燕處其間，蘭菊藝之，臨水時種梅桃，霜月春風，自有餘思。兒童婢僕皆布衣短後，以給薪水，釀酒而飲之。案有雜書：《莊周》、《太玄》、《楚辭》、《黄庭》、《陰符》、《楞嚴》、《圓覺》數十卷而已。杖藜躡屐，往來窮谷大川，聽流水，看激湍，鑒澄潭，步危橋，坐茂樹，探幽壑，升高峯，顧不樂而死乎？仲止

游道場者如入王侯之家，其隆樓傑閣足以吞光景而納江湖。已而過何山，則草樹葱蒨，軒窗窈窕，經行之地皆雅潔幽深【三二】，如造高人隱士之廬，至者忘歸，不知雄盛移而爲清勝也。汪彦章《何氏書堂記》

其意以爲世之有聲有色者【三三】，未有不爭而得，亦未有不終於磨滅者，惟山水之娱人，無事於爭，且庶幾可以長存也。同上

張牧之隱於竹溪，不喜與世接，客來，蔽竹窺之，或韻人佳士，則呼船載酒共之，或自刺舟與語。俗子十反不一見，怒駡相踵不顧也。或目以少漫郎，余獨喜與古人意合。林敏修

上下山水，穿幽透深，棄日留夜，拾其勝會，向人鋪説，無異好聲美色。葉正則

【三一】縈絆　原作「索絆」，據高本、芝本改。

【三二】經行　原作「徑行」，據芝本及汪藻《浮溪集》卷十八《何氏書堂記》改。

【三三】其意以爲　原無，據高本、芝本補。

松竹迷道，庭花合圍，公著山人衣，曳杖、挾書、行吟，賓送日月於林蒨中。凡故疇新畎，廩假進退，抱膝長嘯，婚嫁有無，皆落莫恍惚若夢中事。惟聞名勝士，欣然邀至，共食淡麪羹若薇，爲語儒佛二氏所以離合者，自言見性命真處，如水中鹽味，非無非有，其説深矣。同上

卷下

泊舟桐廬郡津亭下，一更初，惡風暴至，山川震動，大木盡拔，急雨如傾，江水湧激，大浪高於岸旁屋。冒雨登岸，宿民家，屋摇動欲飛去，瓦聲珊珊，空中相擊墮。至天明然後已【一】，移泊津亭，望江外羣山【二】，天色昏曀，濛昧有無中不可見。不一瞬間，煙開雲斂，峰岫層出，重疊秀潤，若未嘗有雲物風雨也。因喟然嘆曰：「偉哉，造物之功乃能如此！」沈明遠

林屋洞天，太湖龍窟也。土民云：欲雨時，洞口出雲如饙餾。其前嘉木一本，童童若幢蓋，繁陰下覆，石色凝紺可愛，嵌巖如欲落。路漸暗窄，匍匐二三丈，復空闊如龕，通行無礙。大鐘垂崖側，色比玉，叩之真銅聲。其右怪石擎一鼓，敲擊如革。又詰曲勢稍却，四邊石鋒森如戈矛，不可觸。下皆青泥，突過若龜背，不容着脚，俯伏捫索乃得進，謂之「龍檻」。跨檻迤邐曰「隔凡洞」，遥見雙石扉半開半闔，中屹大柱，如輪藏心，瑩淨圓直，若巧匠斲削而成，即《真誥》及《包山誌》所載林屋玉柱也。其下神龍居之【三】，謂玉柱，可通天下名山洞府，雖在千萬里外，瞬息可到也。洪景盧《游林屋洞》

趙承之政和中與姜居寔同爲岱岳之遊。先至岱岳觀，觀大小水簾，遂登黄峴，自是山

校勘記

【一】至天明然後已　「然」原作「以」，據高本、芝本改。

【二】望江外羣山　「望」上原有「亭」字，據高本、芝本删。

【三】其下神龍居之　原無，據高本、芝本補。

益奇，路益峻，深巖邃壑，應答不暇。至龍口，泉水出石縫間，其寒凝冰，其甘天成，非世俗飴蜜可比。是夕月望，登十八盤絶頂，自山俯視，見太陰如盤，亭亭於霄漢之表【四】。俄聞窸窣有人行聲，趙心動曰：「山中暮夜，安得此聲耶？」左右曰：「去此數百步【五】，有庵居道人，非怪也。」亟呼之，不應，則又曰：「此間有酒，請與道人飲之。」語未絶，左右呼笑曰：「應矣。」有頃即至，延坐，問之，則密州張景巖也，年五十餘，居太山七八年，須髮黑漆，語言純直。飲數行，探懷出茯苓、松華數種薦酒。茯苓出地未久，齧之如粉而甘；松華漬以鹽，芳辛可愛。歌道家曲數闋，飄飄有出世間意。酒盡，穿東嶺而登，道中月明，可數毛髮。既而歸卧，夜未艾，三人夙興攬衣，寒甚，挾纊披毳而出。方行數十步，道人已俟於中路矣。至日觀峯，曉色未分，有赤光發於極望之東。道人曰：「未也，是陽輝之先至者。」須臾，霞采四出，眩晃騰射，金規一縷，隱然於青冥杳靄之中。既而，大明赫然湧出，恍如車輪，萬里直上，光耀所燭，東極滄海。時山下陰翳，尚未辨色，因邀客至庵。環其内【六】，皆素儲藥。趙曰：「松根、茯苓，與夫黄精、紫參，皆君所厭飫者，頗嘗得異草靈芝、不死之藥乎？」道人色變曰：「吾昨日登明月峯絶壁【七】，獲紫芝一本，雖吾弟不知也，子何自知之？」遂取以遺之，趙因命其庵爲「采芝」云。以上並洪景盧

崔唐臣閩人，與蘇子容、吕晉叔同學相好，二公登第，崔憮然罷舉，澹乎自持，有遺物離形、立於獨之意。其後，二公入三館，乘馬偕出，循汴岸，見一士艤舟、坐窗下，蓋崔也，

【四】霄漢之表　「霄漢」原作「漢霄」，據高本、芝本改。

【五】去此數百步　「去此」原無，據高本、芝本補。

【六】環其内　「環」原無，據高本、芝本補。

【七】明月峯　「月」原無，據高本、芝本補。

亟就謁之，問其別後況味，曰：「初倒篋中，恰有錢百千，以其半買此舟，來往江湖間。其半市雜貨，時取嬴以自給，意所欲往，則從之，初無定止，粗足衣食而已，不求有餘。雖云泛梗飄蓬【八】，差愈于應舉覓官時也。」二公邀與歸，不可，但扣官居坊曲所在，曰：「當往見。」臨別，惘惘而去。明日自局中還，各覩崔留刺，於是再訪舟次，則不得而見矣。歸玩刺字，其末有細書一絶句云：「集仙仙客問生涯，買得漁舟度歲華。案有《黄庭》尊有酒，少風波處便爲家。」並洪景盧

建炎三年八月一日，自百合口泛舟，順流歸竹山。是日午過蒲溪中流，望微王山嶄然出雲氣外，舟行逾十里，江勢百折，而兹山常在岸旁。行未幾，山益峻，水益狭【九】，草樹茂鬱，舟人曰：「將入峽矣。」謂載人無譁，或有老獮猴從山頂墜飛石也。峽口兩山，皆自水中拔起數百仞，壁立如削，巖石奇詭，無圭撮土。諦觀，初若一山，類有物中斷之，令水流其間者。兩山之間相去不十丈，自始入至出，濶狭若一，如有意而爲之者。樹從山石上生，色紺緑，異於凡，時有絳葉飛墮洄潭中，恍然非塵世有也。船少轉，水嚙山足，且數丈，從石下過舟，有大龕十數楹屋，水洶洶出龕壁後，土人名曰「魚陀」，云「每歲二三月，有魚數萬斤自陀中出，不知其潛通何所也」。魚陀下不數舉棹，有洞在山腹，去水面數十丈，嶄絶不可至。土人攬蔓而上，持火入洞中，行三丈餘，不敢復前，意其有神仙或蛟龍居之。惜舟過時已晚，不得一窺洞口也。俄而山漸低，水增濶，波濤復湧，汩於亂石間【一〇】。須臾已出峽

【八】飄蓬　「蓬」原作「篷」，據高本、芝本改。

【九】水益狭　「狭」原作「愜」，據高本、芝本改。下同。

【一〇】汩於亂石間　「汩」原作「泊」，據高本、芝本改。

矣。大抵自穰谷口而上至微水發源處【一一】，土人均謂之峽江【一二】。而自上而下者，過微王山下長灘，爲入峽； 自下而上者，過穰谷上九淵洞【一三】，爲入峽。峽江大抵多湍瀨【一四】，客過而覆舟者十二三，而峽中獨無，有水安流若鏡，萬象墮水中，毫髮可了【一五】，仰視天正碧，如匹練掛峯頂。是時秋已中，山間高爽如平地重陽時，微陽被巖岫，衆形鮮潔，秋蟬嗷嗷鳴樹間，使人殆有遥舉意云。

余別石湖，歸吴興，雪後夜過垂虹，嘗賦詩云：「笠澤茫茫雁影微，玉峯重疊護雲衣。長橋寂寞春寒夜，只有詩人一舸歸。」後五年冬，復與俞商卿、張平甫、銛朴翁自封禺同載詣梁溪，道經吴淞，山寒天迥，雲浪四合，中夕相呼步垂虹，星斗下垂，錯雜漁火，朔吹凛凛，卮酒不能支。朴翁以衾自纏，猶相與行吟，因賦「雙槳蓴波，一蓑松雨」之詞云。姜堯章

丙午人日，余客長沙別駕之觀政堂。堂下曲沼，西負古垣，有盧橘幽篁，一徑深曲，穿徑而南，官梅數十株，如椒如菽，或紅破白露，枝影扶疏。着屐蒼苔細石間，野興横生，亟命駕登定王臺，亂湘流入麓山。湘雲低昂，湘波容與，興盡悲來，醉吟成調。

余客武陵，湖北憲治在焉【一六】。古城野水，喬木參天【一七】，余與二三友日蕩舟其間，薄荷花而飲，意象幽閒【一八】，不類人境。秋水且涸，荷花出地尋丈，因列坐其下，上不見日，清風徐來，緑雲自動，間於疏處窺見游人畫船，亦一樂也。

甲寅春，余與俞商卿遊西湖，觀梅於孤山之西村，玉雪照映，吹香薄人【一九】。已而商

【一一】穰谷口　「口」原無，據高本、芝本補。

【一二】均謂之峽江　「均」原作「鈞」，據高本、芝本改。

【一三】穰谷　「谷」原作「口」，據高本、芝本改。

【一四】湍瀨　原作「湍灘瀨」，據芝本改。

【一五】毫髮　「毫」原作「豪」，據高本、芝本改。

【一六】憲治　「治」原作「沼」，據高本、芝本改。

【一七】喬木　原作「高木」，據高本、芝本改。

卿歸吴興，余獨來，則山横春煙，新柳被水，游人容與飛花中，悵然有懷，作此寄之【二〇】。並堯章

過雪竇，坐錦鏡亭上，徐徹三板，水則大至，怒濤迅雷，凌駕震疊，素蜺萬數【二一】，哮吼層出，真天下奇觀也。始惟見寒莎野卉，紛駭相應。少焉，覺兩涯石壁亦爲之低昂不已，此非親過其上、深矉而駐觀者，不足以知此也。樓大防《雪竇錦鏡亭記》

淳熙己亥中秋，至先、至能自越來溪下石湖，縱舟所如，忘路遠近，約略在洞庭、垂虹之間，天容水光，鏡爛一色，四維上下，與天無極。風露温美【二二】，如春始和，醉夢飄然，不知夜如何其？惟有東方大星欲度篷背，自後不復記憶【二三】。坐客或有能賦之者，張子震、馬少伊、鄭公玉、章舜元，客也。范至能

淳熙己亥重九，與客自閶門泛舟，經横塘【二四】，宿霧一白，垂垂欲雨。至綵雲橋，氛翳豁然，晴日滿空，風景閒美，無不與人意會。四郊刈熟，露積如繚垣。田家婦子着新衣，略有節物。掛帆遡越來溪，潦收淵澄，如行玻瓈地上。菱華雖瘦，尚可采。檥櫂石湖，扳紫荆坐千巖觀下菊叢中，大金錢一種已爛熳穠香，正午薰入酒杯，不待轟飲，已有醉意。其傍丹桂二畝，皆盛開，多欒枝，芳氣尤不可耐。攜壺度石梁，登姑蘇後臺，躋攀勇往，謝去巾輿筇杖，石稜草滑，皆若飛步。山頂正平，有坳堂蘚石，可列坐，相傳爲吴故宫閒臺別館所在。其前湖光接松陵，獨見孤塔之尖【二五】，少北墨點一螺爲崑山。其後西山競秀，

【一八】意象幽閒　「象」原無，「閒」原作「闃」，據姜夔《念奴嬌》（鬧紅一舸）詞序補改。

【一九】吹香薄人　「吹」原作「水」，據高本、芝本及姜夔《角招》詞序改。

【二〇】作此寄之　「此」原作「辭」，據姜夔《角招》詞序改。案：芝本作「詞」。

【二一】素蜺　原作「素蜆」，據高本、芝本改。

【二二】風露温美　「風」原無，據高本、芝本補。

【二三】記憶　原作「紀憶」，據高本、芝本改。

縈青叢碧，與洞庭、林屋相賓。大約目力逾百里，具登高臨遠之勝。始余使虜，是日過燕山館，嘗賦《水調》【二六】，首句云：「萬里漢家使」，後每自和，桂林云：「萬里漢都護」，成都云：「萬里橋邊客」。明年徘徊藥市，頗歎倦游，不復再賦，但有詩云：「年來厭把三邊酒，此去休哦萬里詞。」今者幸甚【二七】，獲歸故園，偕鄰曲二三子醻酢佳節於鄉山之上，乃復用舊韻，首句云：「萬里吴船泊，歸訪菊籬秋。」同前

僕初入廬山，山谷奇秀，平生所未見，殆應接不暇，遂發意不欲作詩。已而見山中僧俗皆云：「蘇子瞻來。」不覺作一絶云：「芒鞋青竹杖，自掛百錢游。可怪深山裏，人人識故侯。」既而哂前言之謬，又復作兩絶云：「青山若無素，偃蹇不相親。要識廬山面，他年是故人。」又云：「自昔懷清賞，神游杳靄間。如今不是夢，真箇是廬山。」是日，有以陳舉《廬山記》見寄者，且行且讀，見其中云徐凝、李白之詩，不覺失笑。旋入開元寺，主僧求詩，因作一絶云：「帝遺銀河一派垂【二八】，古來惟有謫仙詞。飛流濺沫知多少，不爲徐凝洗惡詩。」往來山南北十餘日，其爲勝絶，不可勝談，擇其尤者，莫如漱玉亭、三峽橋，故作此二詩。最後與總老同遊西林，又作一絶云：「橫看成嶺側成峯，到處青山了不同。不識廬山真面目，只緣身在此山中。」僕廬山詩盡於此矣。坡翁

出南康西門，諸峯橫陳，瀑布中瀉。十餘里至開先寺，上漱玉亭，觀石柱東坡題名。其上即石橋，又其上瀑水落焉，潴爲龍潭。回觀僧堂，即南唐元宗少年書堂也。古碑一

【二四】經橫塘　「經」原作「徑」，據高本、芝本改。

【二五】孤塔之尖　「尖」原作「共」，據高本、芝本改。

【二六】嘗賦水調　「嘗」原無，據高本、芝本補。

【二七】今者幸甚　「者」原作「年」，據高本、芝本改。

【二八】一派垂　「垂」原作「乘」，據高本、芝本改。

空，魯直院記偶存爾。寺之東山別有小瀑，號馬尾泉。南訪歸宗寺，由簡寂觀路口，以迂僻不果入。度鸞溪橋，酌一滴泉，躡支徑，過水磑，循溪源，有大池，其上則石徑，溪間別刻魯直三大字，嚜黑不能視，溪上有紫霄峯，鐵塔在焉。寺在金輪峯、上霄峯之下，上霄者，秦始皇、漢武帝所登也。謁右軍塑像、墨池，又有鵝池，恐僞。南山至此已十八九，尚有康王觀、谷簾泉在一二十里間，遂轉北入江州界矣。隔路別峯號黃龍，是爲湯泉。次日蓐食，至萬杉院，上散珠亭，即舊滴翠亭也。觀仁宗飛白及錢易、王隨、王欽若、王曙、章得象送僧太超詩。過棲賢十餘里，至三峽橋，蘇黃門所記殆非夸詞。下視橋柱，余靖、元峯皆刻姓名。自此行石衢，至玉淵亭，澗水披石陡落【二九】，匯爲龍湫，雪濺雷吼【三〇】，不減三峽。又數十步乃至寺，山林陰翳，棟宇零落。至五老亭，古碑多燼於火，祖無擇《愛堂銘》獨存。按記，寶曆初李渤捨宅爲寺，聞數里間有楞伽、折桂諸小院，楞伽乃李公擇山房，有其墨竹。出棲賢行十里，得官道，入羅漢院，惟藏殿尚如舊，内外皆石柱，刻龍繞之。周子充《游廬山》

開先路口數里，別徑入簡寂觀，宋陸修靜故居也。其旁有嶽廟煉丹井，深三尺，酌訖，至觀中。觀在白雲峯下，其間一峯獨秀，曰紫霄。其北有屏風山，其前雞籠山。觀門有朝真閣，殿前有禮斗石，石刻道藏，銅天尊象，石磬。白雲樓西澗懸瀑落於廡前，甜苦筍間歲一生。過度仙橋，許堅晒衣石在澗中。觀連理樹，次至先天觀，祥符觀，數百步即歸宗寺。

【二九】陡落　「陡」原作「陟」，據芝本改。

【三〇】雪濺雷吼　「吼」原作「訊」，據高本、芝本改。

道中多三將軍祠，自歸宗登山八里則紫霄峯【三一】，上有鐵浮圖九級，藏舍利，遠望如枯木，而晉梵僧邪舍亦有墳在其側。謝景先草堂乃杏林故地，即董奉所植者。記言後峯石室中有夏禹刻字百餘。入小路，訪栗里，求醉石，仰視飛瀑披大石而下，甚爲奇觀。石有坳處，俗云陶公枕痕也。訪謝康樂經臺，次至黄龍靈泉院【三二】，湯泉自若【三三】。又十五里至康王景德觀，觀對天柱，天柱峯倚淩雲峯，其西有四菴一院，相去不遠。夜宿山月軒，下臨大溪，簾水所注也，終夜如大風雨聲。次早同道士喬大如和渡溪入谷，五里至舊觀基，又半里至龍泉院，又十里至董氏茅屋。疏食畢，望簾而進，此陸羽《茶經》第一水也。夏倚記言：過石磴，路甚危，蓋鳥道緣崖，其下即澗壑。又草木蒙密，須盡芟去乃能徐步爾。有平石，可坐數人，正與簾對。過此則大石散亂，不可行，余跳躍其間，從者皆驚。逼簾，濺沫噀人如霧雨，毛髮凛然。水初束於石峽，勢猶未廣，既而散布傾瀉【三四】，雖冬深水縮，猶爲十餘派。聞山後乃開先路，豈非山半同源耶？谷中若用兩壯夫挾山轎，則可代步，然屢涉溪流，春夏漲溢，亦未易進也。去觀五里至荆林市【三五】，是爲山北江州境。大風，人不能立，晡時至圓通崇勝禪院，過旻古佛塔，步至磨院，風甚。或云：山中有風穴，故多風。登至樂亭，觀李後主及昭惠后畫像，訪清音亭，石渠二百五十丈，尚無恙。次早謁圓通殿，出門望馬耳峯，過甘泉市，至七里岡，飯廣福菴，菴前即石門澗也。訪尊勝庵，下有大石，高數丈，長如之，中若劃裁，可過二三人，謂之石門，相傳古有僧誦尊勝咒而

【三一】登山八里　「八」原作「數十」，據高本、芝本改。

【三二】次至黄龍靈泉院　「至」原無，據高本、芝本補。

【三三】湯泉自若　「湯」原作「陽」，據高本、芝本改。

【三四】散布傾瀉　原作「散步傾寫」，據高本、芝本改。

【三五】荆林市　原作「荆林寺市」，據高本、芝本删「寺」。

【三六】或在溪南　「在」下原并列「淮溪」二小字，右「淮」左「溪」，高本、芝本均作「或在淮南」，今據文義取「溪」字。

【三七】薯預花　「薯」原作「署」，據芝本改。

【三八】虎溪在雁門外　原作「席溪在門水」，據高本改。「雁」芝本作「寺」。

【三九】餘悉亡矣　「矣」原無，據高本、芝本補。

【四〇】因以名山　「山」原無，據高本、芝本補。

石開。庵對仙步峯，至保寧庵，三面皆山，其南石柱峯在焉。此三庵皆沿石門澗，激水磑茶資其利。次度橋，上雙龍庵，謂錦繡澗及庵傍之水也。過此直上天池，凡十五里，兩旁通謂之錦繡谷。蓋春時山花盛開，望之如錦繡云。山路峻甚，每三四里輒爲亭以憩，凡五亭。第一亭跨澗，頗雄偉，至半山，有道人草庵在錦繡峯下。其傍爲竹林隱寺，或聞鐘鼓聲。路愈峻，每數十步即回視，江淮無遁形。第四亭有大石凌虚而出，可坐十人，一目千里，平視一峯，上有巧石。至天池院，號曰龍潭。登文殊亭，觀西天僧金總持像及貝多葉梵書，辟支佛牙，謁隆禪師塔，其傍即定心石，其前爲十八賢臺。至主傅塔，洞視空澗，又非第四亭而上可比。東西二林，歷歷在眼，有九十九峯，櫛比磬折如堵，此登眺最佳處也。稍前至佛手巖，雪花滿樹，巖石空洞，不止容百人，下有泉水，巖上五峯如指，號佛手巖。自巖二三里，度小溪，至大林寺。黄昏歸天池，禮文殊，求燈，閃爍合離，或在溪南【三六】，或在近嶺，高者天半，低者掠地。山中薯預花類胡蝶【三七】，又有萬年松、羅漢綫、菩薩石。次早下山，由石門澗出官路，稍前岳家市，自此可上化成，過香谷，入西林寺，慧永道場也。流水瀌瀌循階除，賞翫不能去。牛僧孺書寺額，佛像獨被冠纓。次至東林，晉慧遠法師道場。寺前有雁門市，虎溪在雁門外【三八】。寺最爲古剎，今惟白蓮池、經藏院、白公草堂基、雙玉澗、明皇銅像、舍利塔、魯公題名、虎跑泉、五杉閣、聰明泉尚存，餘悉亡矣【三九】。樓閣華煥，宛如仙宮。訪遠公塔、照覺佛海二塔，登五百羅漢閣。二里至廣福院，本大明公廟，姓匡，名續，字君孝，自殷、周之際隱此山，因以名山【四〇】。或云匡俗，漢人，封越廬君，故曰廬山。次至太平興國宮，氣象清華，列越石高三四尺，植地中。宮倚聖治峯，正殿惟採訪使者象。其後本宮殿後有雲無心堂，臨流水可愛。至清虚道人庵，庵側有泉曰神泉。次早至雲溪庵，趨太乙宫，爲董奉上升之地，在蓮花峯下，宣和封「升元真人」【四一】。觀中種杏，前殿一株最大，後有種杏軒。五里至禪智院，進至寶巖院【四二】，過雲慶庵、寶積庵【四三】，此去江州纔二十餘里。上吴章嶺【四四】，嶺脊分江東西路界，便見五老峯。至昭德觀，《真誥》所云爲第八詠真洞天，正倚香爐峯。次早登採訪使者閣，望五老峯、屏風疊，下臨相思澗，廬阜之甲觀也，爲題其榜曰「雲錦閣」，取太白語也。五老第二峯即獅子峯，山無草木，曉日照之，殆如赤城，奇姿巧勢，尤不可狀。龍潭在觀後，水作琉璃色，其中數丈正黑，蓋洞天之門【四五】。過永福庵、疊石庵，庵背即五老峯，乃几案間物。次度石橋，至折桂院，因李逢吉得名。登惠濟塔，有巢雲軒。次至解空院、谷源庵、雪臺庵、淨妙院，儼然如造仙境，回望如圖畫，每至一處【四六】，山勢輒不同，造物之無盡藏也！次至承天白鶴觀，唐劉混成故居，唐杉圍二丈。過三峽橋，爲卧龍之遊。初過中興庵、寶慶庵，上偃臺，即祖教院卧龍新庵【四七】。過舊庵，沿澗乃至蒼崖之下，怒瀑淙擊，高十餘丈，與九華雪潭爭相長雄。望五乳峯甚近，香積院在其下。至幽邃庵，馮京嘗讀書於此。度溪至上塔【四八】，大竹成林【四九】，酌飛錫泉，登環翠閣。下山至棲賢，過五老、玉淵二亭，山水

【四一】升元真人　「升」原作「叔」，據高本、芝本改。

【四二】寶巖院　「寶」原作「庵」，據高本、芝本改。

【四三】寶積庵　「積」原作「種」，據高本、芝本改。

【四四】吴章嶺　「章」原作「庵」，據高本、芝本改。

【四五】洞天之門　「之」原作「云」，據高本、芝本改。

【四六】每至一處　「至」原無，據高本、芝本補。

【四七】祖教院　「祖」原無，據高本、芝本補。

【四八】度溪至上塔　「上塔」原無，據高本、芝本補。

不孤老眼而足躡矣。次曉，後澗過百藥灘，道人於此晒藥。度茅岡，至明真尼院，登凌霄巖，巖在平地，奇石如巖。過喝石，旁有石屏可愛。望宮亭湖横出而揚瀾【五〇】、左里（里疑是蠡）。左右相對，落星僅如葉舟。回路入楞伽院，院倚朱砂峯，李公擇藏書洞在東偏，元豐以後留題皆在，有東坡《山房碑》，崇清君墨巾在鍾閣，公擇妹魯直母也。門外即上天池大林路，觀玉淵澗水極其雄壯。再過三峽橋，橋下爲陸子泉，沈錫大書「廬山」二字。入高遥景清寺，至萬杉院，上滴翠亭。二里入開先，登漱玉亭，澗中石含雲母。訪招隱泉，路口有披雲亭、古楊梅亭、四會亭，回望山色奇甚。紫霄峯劍立衆峯之間，鐵塔僅如一線。昔樂天記匡廬奇秀甲於天下【五一】，誠非虚語。余今自南而北，與陳令舉山記相反，故問津多誤，然記中奇特處十得六七，其當路者、遊迂曲者畧。異時再以旬日窮探極覽，可使無餘藴矣。子充《重游廬山》

濟南治歷城，漢故縣也，帶濼水而表歷山，親見于《春秋》、《史記》、《孟子》諸書，舜之遺跡蓋至于今可考。士生其間，多通儒名卿、秀傑之士，而尤以筆墨相高，往往多清麗雄放警絶之辭，與山川稱。放翁《雪安集敘》【五二】

謝希深、歐陽永叔官洛陽時，同游嵩山，自潁陽歸，莫抵龍門香山，雪作，登石樓，望都城，各有所懷。忽於煙靄中有車馬渡伊水來者，既至，乃錢相遣廚傳歌妓至。吏傳公言曰：「山行良勞【五三】，當少留龍門賞雪，府事簡，毋遽歸也。」《邵氏聞見録》【五四】

【四九】大竹成林　原作「尤竹成杋」，據高本、芝本改。

【五〇】揚瀾　原作「楊闌」，據芝本改。

【五一】樂天記　「記」原作「紀」，據高本、芝本改。

【五二】放翁雪安集敘　原作「放雪翁安集敘」，據芝本改。

【五三】山行良勞　「勞」下原有「愛」，據高本、芝本删。

【五四】邵氏聞見録　案：此條之後鈔本有「窮居荒涼」一條，實與卷上第四條重出。又，鈔本末附「朱希真居嘉禾」一條，下注云「右放翁陸太史所云，亦可爲《澄懷》一則」，實爲後人所增益。

跋

右《澄懷録》二卷，宋周密譔。密字公謹，號草窗，先世濟南人。其曾祖隨高宗南渡，因家吴興之弁山，自號弁陽老人，又號四水潛夫，因霅溪名四水也。後又寓杭之癸辛街。顧身雖寓浙，而心不忘齊，故嘗自署歷山，又自號華不注山人。淳祐中嘗爲義烏令，宋亡不仕，卒于家。按草窗工詞，而著作等身，以《武林舊事》《齊東野語》二書爲冠，餘則閒情瑣事，或時及書畫玩器，各書皆有記録，而是書却少流傳。此篇卷首有「乾隆三十八年十一月浙江巡撫三寶送到，吴玉墀家藏」字，仍是抄本，則不多見矣。篇中偶檢及前人緒論，集以成篇，而開卷之下，覺清詞雋語，撲人眉目，亦熱中者之一服清凉散也。光緒戊寅春三月番禺李光廷恢垣識。

⊙周　密撰

浩然齋視聽鈔

黄寶華　整理

點校説明

《浩然齋視聽鈔》，周密撰。周密生平，已見《齊東野語》點校説明。原書已佚，内容多採自《志雅堂雜鈔》，可能爲後人鈔掇周密所著而成。今有《説郛》一卷本及《古今説部叢書》一卷本。《説郛》的版本又分爲兩種：其一爲商務印書館排印本，又稱爲涵芬樓本；其二爲明刻宛委山堂本。明刻本《説郛》署「天台陶宗儀纂，姚安陶珽重輯」，凡一百二十卷，所收《浩然齋視聽鈔》共二十條，《古今説部叢書》所收與之相同。商務印書館排印本《説郛》係近人張宗祥據六種明鈔本校理成書，凡一百卷，所收《浩然齋視聽鈔》較宛委山堂本多出十條，且每條均有標目名。本次整理，以商務印書館排印之《説郛》本爲底本，校以宛委山堂本及古今説部叢書本。

雪候　雪多作于戊、己日，嘗攷丁亥冬雪，率多驗。近戊子十二月八日己未雪，十八日己巳夜雪，二十七日戊寅夜雪。大率丙、丁、戊己皆雪日也。

雨候　趙雲洲云：凡遇戊午、己未日，天變必雨。或遇亢、壁二宿直日，則可免，餘宿不能免。

天裂　癸酉十月，李應山開淮閫于維揚，一日午後，忽見天裂，其軍馬旗幟無數，始焉皆紅旗，繼而皆黑旗，凡荼頃乃合。見者甚多。次年北軍至。

不宣備　今人書「不宣備」。《文選》楊修《答臨淄侯牋》末曰：「造次不能宣備。」

敹字　「敹」音癬出《羯鼓録》。嵇康《琴賦》云：「間遼故音庳【一】，絃長故徽鳴。」庳者【二】，敹也。兩絃之間遠【三】，則有敹，故云。

山立　「山立」自《禮記》【四】，《玉藻篇》：「山立，時行。」《樂記》：「總干山立。」注：「正立也。」

頻煩　「頻煩」字，《三國志》：費禕「以奉使稱職，頻煩至吴」。杜詩：「三顧頻煩天下計。」

校勘記

【一】庳　原作「痺」，據《文選》卷十八嵇康《琴賦》改，下同。

【二】庳者　「者」字原無，據《古今説部叢書》本（以下簡稱「古今本」）補。

【三】兩絃之間遠　「絃」原作「年」，誤。案：《琴賦》李善注：「『間遼』謂絃間遼遠也。」又明方以智《通雅·釋器》：「兩絃之間遠則有敹。」今據以改。

【四】山立自禮記　「自」原作「字」，據古今本改。

圓夢　「圓夢」自《南唐近事》：「馮僎舉進士時【五】，有徐文幼能圓其夢【六】。」

字音　今世呼蒲萄、枇杷皆爲入聲。樂天詩云：「酒餘送盞推蓮子，燭淚堆盤壘蒲萄。」又：「深山老去惜年華，况對東溪野枇杷。」其音自唐然矣。

對偶　對偶之佳者曰：「九州四海」，「聖主忠臣」【七】，「億載萬年」，「爲父爲母」，「平生能著幾緉屐，長日惟消一局棋」，「有文事有武備，與神爲監；無智謀無勇功，惟聖時若」，「數點雨聲風約住，一枝花影月移來」，「柳摇臺榭東風軟【八】，花壓闌干春晝長」，「勸君更盡一杯酒，與爾同消萬古愁」，「天下三分明月夜，揚州十里小紅樓」，「梨園弟子白髮新【九】，江州司馬青衫濕」。

格言　「媒己之長，有醜其色；　暴人之短，與汝爲敵。」「位卑言高非汝職，交淺言深植荆棘。」「出于汝口者無迹，入于人耳者不可滌。」「汝如勿戒，返悔何益！」韓維基云：「凡親戚故舊之爲時官者，皆當以時官待之，不當以親戚故舊狎之。」此説最佳。「留有餘不盡之巧以還造物，留有餘不盡之禄以還朝廷，留有餘不盡之財以還百姓，留有餘不盡之福以還子孫。」馬碧梧嘗題于壁，不知誰語也。

靈壁石【一〇】　以煮酒脚塗靈壁石，其黑如漆，永不脱，極妙。

斵琴名手　唐雷霄、雷威、雷珏、郭亮，皆蜀人。沈鐐、張鉞，皆江南人。蔡叡、僧智仁、衛中立慶曆中，朱仁濟、馬希仁、馬希先崇寧中，並宋人。

【五】馮僎　原作「馮撰」，據古今本改。

【六】能圓其夢　「其」字原無，據古今本補。

【七】聖主忠臣　原作「悉主悉臣」，據古今本改。

【八】臺榭　「榭」原作「樹」，據古今本改。

【九】梨園弟子　「弟子」原作「子弟」，據古今本改。

【一〇】靈壁石　「壁」原作「璧」，據《志雅堂雜鈔》卷上改。

北方名琴　春雷、玉振、流泉並御府，不出，左爲寒玉實腹琴混木刳成，【一一】，冠古、韻磬、秋嘯伯幾，金儒高彦敬，萬壑松郭祐之，瓊響廉端甫，玉壺冰趙玉溪，閒素紫霞第一琴，玉鶴、玉雁皆宣和御府，後歸金人，大雅趙菊坡，松雪同上，浮磬趙節齋，奔雷樊澤民百琴堂第一【一二】，存古張受益，秋澗泉楊守齋，玉玲瓏楊伯修，百衲太平興國年趙仁濟修，進入吴越王宫，今李公略得之，據云其家舊物也。

米元章印　米元章自號鹿門居士，其印文曰「火正後人芾印」，其後並不用之。

骨咄犀　伯幾云：今所謂骨咄犀乃蛇角也，以至毒能散毒，故曰蠱毒犀。

賈秋壑詩賦　賈秋壑甲午寒食嘗作一絶云：「寒食家家插柳枝，留春今亦不多時。人生有酒須當醉，青塚兒孫幾箇悲！」明年謫死。

木蘭花慢　陳石泉自北歸，有北人陳參政者餞之，爲《木蘭花慢》云【一三】：「歸人猶未老【一四】，喜依舊【一五】、著南冠。正雪暗滹沱，雲迷芒碭，夢落邯鄲。鄉心日行萬里，幸此身、生入玉門關。多少秦烟隴霧，西湖淨洗征衫。燕山望不見吴山，回首一歸難！慨故宫離黍，故家喬木，那忍重看！鈞天紫薇何處【一六】？問瑶池八駿幾時還？誰在天津橋上，杜鵑聲裏闌干！」

醫藥　凡人溺死者，以鴨血灌之可活。金蓀壁云【一七】：耳暴聾，用全蝎去毒爲末，酒調下，以耳中聞水聲即愈，云是韓平原家方。枸杞子可以榨油，點燈觀書，能益目力。金瘡刀斧傷，用獨殼大栗，研爲乾末，傅之立止【一八】，或倉卒痛，用生栗嚼傅亦效。

【一一】左爲　「爲」原作「高」，據粤雅堂叢書本《志雅堂雜鈔》卷上改。

【一二】樊澤民　粤雅堂叢書本《志雅堂雜鈔》作「樊澤卜氏」，學海類編本《志雅堂雜鈔》作「樊澤卞氏」。

【一三】爲木蘭花慢　「爲」原無，據學海類編本《志雅堂雜鈔》卷七補。

【一四】歸人猶未老　原作「北歸人未老」，據《志雅堂雜鈔》改。

【一五】喜依舊　「喜」原無，據《志雅堂雜鈔》補。

【一六】紫薇　《志雅堂雜鈔》作「紫域」。

喉痺并乳鵝，用蝦蟆衣、鳳尾草，洗淨，擂細，入鹽霜梅肉煮酒，各少許，和再研細，用細布絞汁【一九】，以鵝毛刷患處【二〇】，隨手吐痰即消。張梅坡云其父患此，甚不能言，用之而愈。　齒腫痛，黑豆酒煮汁漱之，王修行閨中用之驗【二一】。鄭鶴臞有枝單方，用水蛭爲末，和朴硝少許，調傅瘡上，屢施屢驗。　癰疽惡瘡初腫起【二二】，當歸鬚、黃蘗皮、羌活爲細末，用生路絲藤擂汁【二三】，調傅瘡之四圍，自然收毒，聚作小頭即破，切不可併瘡頭傅之，恐毒氣四出，不可收矣。

少帝　宋少帝辛未九月二十八日申時生辛未己亥己丑壬申，甲戌七月十一日登位，號天瑞節，丙子三月十七日北遊。宋高祖劉裕丁亥生，庚申即位，國號宋，丙子渡江國亡。凡七百二十年，至趙太祖丁亥生，庚申即位，國號宋。先是，丙子俘李主，後丙子大元渡江國亡。據人所云，未攷。

法令書　法令之書，其別有四，敕、令、格、式也。神宗聖訓曰：「禁于已然之謂敕，禁于未然之謂令，設于此以待彼至之謂格【二四】，設于此使彼效之之謂式。」

海運　朱張海餉自三山大洋，徑至燕京，或言自古所未嘗行，此道昉自今始。然杜少陵《出塞》云：「漁陽豪俠地，擊鼓吹笙竽。雲帆轉遼海，粳稻來東吴。越羅與楚練，照曜輿臺軀。」又《昔遊》云：「幽燕盛用武，供給亦勞哉。吴門持粟帛，泛海凌蓬萊【二五】。」然則自昔燕地皆海運，非始于今也。

【一七】金蓀壁　「壁」原作「璧」，據《志雅堂雜鈔》卷上《醫藥》改。

【一八】傅之　「傅」原作「縛」，據《志雅堂雜鈔》改。

【一九】用細布絞汁　「用細」原無，據《志雅堂雜鈔》補。

【二〇】以鵝毛　「以」原無，據《志雅堂雜鈔》卷上《醫藥》補。

【二一】閨中用之驗　「閨」原作「閤」，「之」原無，據《志雅堂雜鈔》改補。

【二二】惡瘡　「惡」原作「患」，「瘡」原無，據《志雅堂雜鈔》改補。

秦璽　韃靼有拗哥者，元係大根脚，其家陵替，典賣罄盡，偶有向者征遼日所獲一蒼玉印，方四寸，上有蛟螭紐【二六】，以敗篋貯之出售，欲鈔二錠【二七】，無酬價者。偶有言于崔中丞，遂取觀之，且模其文，令識篆人辨之，其文曰：「受命于天，既壽永昌。」攷之乃秦璽，于是徑進之上方，乃進表稱賀，甲午正月二十九日也【二八】。陳東山甲午四月自燕歸言此。

正月三亥　周益公《日録》：吴諺曰：「正月逢三亥，湖田變成海。」謂大水也。壬辰年正月初六日己亥，十八日辛亥，三十日癸亥，是歲大澇，湖田顆粒不收。癸巳正月亦有三亥，然一亥在立春前，是歲無水災。

俗諺云：「逢庚則變甲方晴。」或云：「逢庚隻變，遇甲雙晴。」蓋逢庚于隻日則變，遇甲于雙日則晴。多驗。

【二三】用生路絲藤擂汁　「用」原無，「路絲藤」原作「鷺鷥藤」，據《志雅堂雜鈔》補改。

【二四】待彼至之　「至」古今本作「主」。

【二五】泛海　原作「浮海」，據古今本及杜甫《昔遊》詩改。

【二六】蛟螭紐　「蛟」原作「交」，據古今本改。

【二七】二錠　「二」古今本作「一」。

【二八】二十九日　「九」古今本作「五」。

浩然齋雅談

◎周　密撰
黄寶華　整理

點校説明

《浩然齋雅談》，周密撰。周密生平，已見《齊東野語》點校説明。周密生當南宋末世，復由宋入元，浩然齋即其晚年寓居臨安（杭州）時的書齋。據書中所稱「余嘗志其事於《野語》而闕此文，今詳書之」及「予嘗收（薛梯飆詞）數闋於《絶妙詞》」等語，可知該書成於《齊東野語》及《絶妙好詞》之後。又書中述及「宋謝太后北覲」事，可推知此書之成已在入元之後。

此書久佚，清乾隆間編《四庫全書》時，由館臣從《永樂大典》中輯出，分類編爲上、中、下三卷。書中所述多涉詩文創作，故《四庫提要》稱「其書體類説部，所載實皆詩文評。今搜輯排纂，以考證經史、評論文章者爲上卷，以詩話爲中卷，以詞話爲下卷」。所記故人舊事、佚篇殘簡，多爲他書所不載，足資考據，其品騭作品亦多卓識裁鑒，故此書頗具歷史及文學價值。

今傳世之本均出自《四庫全書》本。乾隆年間有武英殿聚珍版的活字印本及其後據此本雕版翻刻的所謂「外聚珍本」。光緒年間，宋澤元所輯《懺花庵叢書》亦收有此本。又，南京圖書館藏有盧文弨批校本（批校僅見上卷），上海圖書館藏有盧文弨、勞權批校本，此兩種批校本均以乾隆間浙江翻刻武英殿本爲底本。遼寧教育出版社於二〇〇〇年出版了鄧子勉的點校本，收入《新世紀萬有文庫》中。此點校本以翻刻武英殿聚珍版書本爲底本，校以文淵閣《四庫全書》本和《艤花庵叢書》本，並對盧文弨、勞權之批校多所采録。又，二〇一〇年中華書局出版了孔凡禮的點校本，收入《唐宋史料筆記》叢書。

本次整理以乾隆間武英殿聚珍版本爲底本，校以文淵閣《四庫全書》本，並對鄧子勉、孔凡禮二先生的校勘成果多所采擷，在此一併致謝。

目録

校勘記

卷上

《井》九二：「谷射鮒。」或以爲蝦，或以爲蟇，或以爲蛙，或以爲蝸。攷之韻書，鮒，扶句切，鰿魚也。然鰿、鯽、鰿三字并同子亦切，注云「鮒也」，蓋今鯽魚耳。《莊子》「涸鮒」注亦以爲鯽魚。然今世有魚如鱈，四鬣巨口，善食水蟲，故人家井内多畜之，俗呼爲鱓，得非《井卦》所指者乎？

《詩》：「先集維霰。」補注云：「霰，稷雪也。或謂之米雪，謂其粒若米。」然「稷雪」、「米雪」字甚奇。

《碩人》之詩曰：「巧笑倩兮。」注曰：「好口輔也。」《大招》述婦人之美亦有「靨輔奇牙」之語，可謂善于形容。後人雖極言女色之美無所不至，乃獨不及于口輔，何耶？「輔」豈俗所謂笑靨者乎？

「蹇修以爲理」，朱元晦云：「謂爲媒者以通詞理也。」下文「理弱而媒拙」，則云：「恐道理弱。」似與前説異。按《九章》：「令薜荔以爲理兮，憚舉趾而緣木。因芙蓉以爲媒兮，憚褰裳而濡足。」亦以媒、理對言。《左傳》：「行理之命，無月不至。」注：「行理，行使也。」復奚疑？

真文忠初字景元，樓攻媿語以明元無義，遂易爲希元。然俞清老嘗名軒曰「景陶」，山谷曰：「景陶名未佳。《詩》云『景行』，景，明也。魏、晉間人所謂『景莊』、『景儉』等，自有一人誤用，遂以相承謬耳。」按《詩》「景行」，注云：「景，明也。」其義以明行行止，謂有明行則行之，初無企慕之義。然《孝經序》亦用「景行先哲」，而近世洪文敏兄弟皆以「景」爲字，何耶？顧第弗深攷耳。

前輩闢浮圖修崇之説甚衆，獨泰伯之説最爲簡明【一】，《彌陀閣記》有云：「無思無爲之義晦而心法勝【二】，積善積惡之誡泯而因緣作。」「至于虞祔練祥、春秋祭祀之儀不競，則七日三年地獄劫化之辯亦隨而進。」又《答黃漢傑書》云：「民之耳目鼻口、心知百體皆有所主，其于異端何暇及哉！後之儒者無以導，民之耳目鼻口、心知百體皆無所主，將舍浮圖何適哉？」又云：「如使周禮尚行，朝夕、朔月、月半薦新【三】，啓柩、祖遣有奠，虞卒哭祔，小祥、大祥、禫有祭，日月時歲皆有禮以行之，哀情有所洩，則必不暇曰七七【四】，曰百日，曰周年，曰三年齋也。」然歐公《本論》亦有此意，云：「佛所以爲吾患者，乘其廢闕之時而來，此其受患之本也。補其闕，修其廢，使王政明而禮義充，則雖有佛，無所施于民矣。」

昔人有言韓退之《送李愿歸盤谷序》所述官爵、侍御、賓客之盛皆不過數語，至于説聲色之奉則累數十言，或以譏之。余謂豈特退之爲然。如宋玉《招魂》，其言高堂邃宇、

【一】泰伯　原作「南豐」。案：「南豐」謂曾鞏，其集中無此文，《彌陀閣記》及下之《答黃漢傑书》均为李覯（泰伯）之文，見《直講李先生文集》卷二四及二八。

【二】無思無爲　「無思」原缺，據《直講李先生文集》卷二八《答黃著作書》補。

【三】月半　「月」字原缺，據《直講李先生文集》補。又可參見《儀禮・士喪禮》及《禮記・祭義》。

【四】七七　原作「七日」，據《直講李先生文集》改。

翠翹珠被、畋獵飲食之類，亦不過數語； 至于「蘭膏明燭、華容備，二八侍宿、射遞代，九侯淑女、多迅衆，盛鬋不同制、實滿宮，容態好比、順彌代，弱顏固植、謇其有意，姱容脩態、絙洞房，蛾眉曼睩、目騰光，靡顏膩理、遺視矊」； 又曰「美人既醉、朱顏酡，娭光眇視、目曾波，被文服纖、麗而不奇，長髮曼鬋、豔陸離，二八齊容、起鄭舞」，以至「吴歈蔡謳，士女雜坐、亂而不分」。 又《大招》亦云：「朱脣皓齒、嫭以姱，比德好閒、習以都，豐肉微骨、調以娱，嫮目宜笑、蛾眉曼，容則秀雅、穉朱顏，姱脩滂浩、麗以佳，曾頰倚耳、曲眉規，滂心綽態、姣麗施，小腰秀頸、若鮮卑，易中利心【五】、以動作，粉白黛黑、施芳澤，青色直眉、美目媔，靨輔奇牙、宜笑嗎，豐肉微骨、體便娟。」皆長言摹寫【六】，極女色燕昵之盛。 是知聲色之移人，古今皆然。 戲書，爲退之解嘲。 案此條《永樂大典》原本「曼睩」之「睩」誤作「録」，「豔陸」下衍「麗」字。 今據《楚辭》校正。 其引《招魂》，節去「些」字； 引《大招》，節去「只」字： 悉仍之。

涪翁云： 章子厚嘗言《楚辭》蓋有所祖述，初不謂然。 子厚曰：「《九歌》蓋取諸國風，《九章》蓋取諸二雅，《離騷》蓋取諸頌。」攷之信然。

日與月合則長明，性與命合則長生。 又日在天曰明，明者，日月之横合。 在世爲易，易者，日月之從合。 在人爲丹，丹者，日月之中合。 此海瓊語也。

孫景茂云： 太公八十遇文王，今世皆以此藉口。 《九辯》乃云：「太公九十乃顯榮兮。」而東方曼倩則云：「太公體行仁義，七十有二乃用于文、武。」馬永卿嘗疑焉，然香山

【五】利心　「利」原作「和」，據王逸《楚辭章句·大招》改。

【六】摹寫　「摹」字原缺，據文淵閣《四庫全書》本（以下簡稱「四庫本」）補。

詩乃云：「釣人不釣魚，七十得文王。」不知又出何書也。

蘇仲虎侍郎藏東坡所書富文忠神道碑真跡，前後諸名人題跋極多，獨周文忠爲之壓卷，云：「富文忠之使遼，所謂『肅肅王命，仲山甫將之』，蘇文忠之翰墨，所謂『吉甫作誦，穆如清風』也。《大雅·烝民》，兹可無愧。」富公孫樞密、蘇公猶子侍郎，皆題名卷末，抑所謂「臧孫有後于魯」者？

戴岷隱論蕭望之曰：「夫小人之害君子也，必深明其情而後用其術，故攻其所惡，犯其所忌，中其所不欲而致其所不樂。其柔仁朴厚也或怵之，其廉潔自喜也或汙之，其剛果卞急也或激之，多方以誤之，百計以困之、逼之、辱之，以致其必死之術，有如君子一不能忍而決于速死，則小人之計中矣。」吕伯恭亦云：「君子必有堅忍不拔之操，然後小人不能犯吾之所忌。嗚呼，小人之害君子，何其多端也！遇人之介者則必辱之，遇人之廉者則必汙之，遇人之剛者則必折之，遇人之直者則必誣之。蓋介者不受辱，廉者不受汙，剛者不受折，直者不受誣，凡此皆君子之所忌也。小人知君子之所忌而直犯之，君子不知而墮其計，大則死，小則亡，前後相望，可不爲大哀乎？」二説真能盡小人之情狀，有不期同而同者焉。孝宣于儒生無所用，獨用蕭望之，觀其始終方拙，非能自撓以求合者，特以其于霍氏立同異故耳。士君子之經世，非曰委蛇曲從、爲終始牢固之術，然而變化詘伸，自當兼通義命。望之當孝元初，天下事在掌握，既不能輔贊裁成、同歸于道，及其潰敗，又不知推委興廢，以禮而止，隄壞防決，無所措躬，卒就死地，而陷孝元爲不辨菽麥之主。班固乃哀其爲便嬖宦豎所圖，不知自古小人何嘗一日不欲勝君子，《豳》詩歌周公，固殆未之學也。

王宣子在上庠日，與程泰之善，暇日因及代言之體，要當温純深厚如訓誥中語，始爲王言：「吾儕異時秉筆，當革近世磔裂之弊。」二十年後，宣子帥潭，泰之以少蓬攝外制，爲詞云：「荆及衡陽，自北而南，十國爲連，連有帥，地大民衆，疇咨俾乂，厥惟艱哉！以爾有猷，有爲有守，率自中，寬而有制，剛而無虐，庸建爾于上游藩輔，往哉惟欽！惠困窮若保赤子，明乃服命，若綱在綱。有弗若于汝政，弗化于汝訓，辟以止辟，乃辟，則予一人汝嘉。」且寓書于宣子曰：「疇昔之約，今其踐矣。」陳氏《耳擇集》所載以爲芮國器，非也。

韓平原南園既成，遂以記屬之陸務觀，務觀辭不獲，遂以其「歸耕」、「退休」二亭名以警其滿溢，勇退之意甚婉。韓不能用其語，遂致于敗，務觀亦以此得罪，遂落次對，以太中大夫致仕【七】。外祖章文莊兼外制，行詞云：「山林之興方適，已遂掛冠；子孫之累未忘，胡爲改節？雖文人不顧于細行，而賢者責備于《春秋》。某官早著英猷，寖躋膴仕。功名已老，瀟然鑑曲之酒船；文采不衰，貴甚長安之紙價。豈謂宜休之晚節，蔽于不義之浮雲。深刻大書，固可追于前輩；高風勁節，得無愧于古人？時以是而深譏，朕亦爲之概歎。二疏既遠，汝其深知足之思；大老來歸，朕豈忘善養之道？勉圖終去，服我寬

【七】以太中大夫致仕　「以」字原缺，據盧文弨校本（以下簡稱「盧校本」）補。

恩。」此文已載于《嘉林外制集》，或以爲蔡幼學，或謂出于馮端方，皆非也。

劉原父云：「聖人之治天下，能使百官萬物如耳目心口手足之不可易，亦不相德，濟之如一身，而天下安有不治哉？」東坡亦曰：「今夫人之一身，有一心兩手而已，疾痛疴癢動于百體之中，雖其甚微，不足以爲患，兩手隨至。夫手之至，豈其一一而聽之心哉？心之所以素愛其身者深，而手之所以素聽于心者熟，是故不待使令而卒然以自至。聖人之治天下，亦如此而已。」二說如出一轍。

蘇明允《辨姦》，嘗見直齋陳先生言：「此雖爲介甫發，然間亦似及二程。」所以後來朱晦菴極力回護，云：「老蘇《辨姦》，初間只是私意，後來荆公做不著，遂中他說。然荆公氣習自是要遺形骸、離世俗的規模，要知此便是放心。《辨姦》以此爲姦，恐不然也。」又云：「每嘗嫌『事之不近人情者，鮮不爲大姦慝』之語過當，而今見得亦有此等人，其辭甚費也。」

子厚有答人書云：「人生少得六七十者，今已三十七矣，長來覺日月益促，歲歲更甚，大都不過數十寒暑則無此身矣！是非榮辱，又何足道？」又書云：「假令病盡，己身復壯，悠悠人世，亦不過爲三十年客耳。前過三十七年，與瞬息無異；後所得者，其不足把玩亦已審矣。」此二書皆在元和四年，時子厚年三十七，後十年當元和十四年，子厚卒，年止四十有七耳。所謂「數十寒暑」、「三十年客」，竟不酬初志，悲夫！

昔有問王介甫：「佛家有日月燈光佛，燈何以能并日月？」介甫曰：「日煜乎晝，月煜乎夜，燈煜乎日月之所不及。」《東萊博議》論史官亦云：「昧谷餞日之後，暘谷賓日之前，暮夜晦冥，羣慝并作，苟無燭以代明，則天之目瞽矣。」亦用介甫意，然皆本之《莊子》「月固不勝火」，郭象注曰：「大而闇不若小而明。」東坡曰：「陋哉斯言！」爲更之曰：「明于大者必晦于小，月能燭天地而不能燭毫釐，此其所以不勝于火也。」然卒之火勝月，月勝火耶？

坡翁《九成臺銘》云：「使耳聞天籟，則凡有聲有形者，皆吾羽旄、干戚、管磬、匏弦。」又云：「望蒼梧之渺莽，九疑之聯綿，覽觀江山之吐吞，草木之俯仰，鳥獸之鳴號，衆竅之呼吸，往來唱和，非有度數而均節自成者，非《韶》之大全乎？」楊龜山乃謂：「子瞻此說，以江山吐吞、草木俯仰、衆竅呼吸、鳥獸鳴號爲天籟，此乃莊子所謂地籟也，但其文精妙，故讀之者或未察耳。」予嘗因其語以攷莊周之說云：「南郭子綦曰：『汝聞人籟而未聞地籟，汝聞地籟而未聞天籟。』子游曰：『敢問其方。』子游曰【八】：『地籟則衆竅是已，人籟則比竹是已。敢問天籟。』子綦曰：『夫吹萬不同，而使其自已者，咸其自取，怒者其誰耶？』」郭象注云：「夫天籟者，豈復別有一物哉？即衆竅、比竹之屬。」若如所注，則所謂鳥獸之鳴號、衆竅之呼吸，非天籟而何？不知龜山又以何物爲天籟乎？漫書以俟識者。然東萊云：「東坡《九成臺銘》實文耳，而謂之銘，以其中皆用韻而讀之久乃覺，是其

【八】子游曰　「游」原作「綦」，據《莊子·齊物論》改。

妙也。」

坡翁《策斷》謂：「語有曰：『鼠不容穴，銜窶藪也。』」「窶藪」二字出《漢書・楊惲傳》，云：「我不能自保，真人所謂『鼠不容穴，銜窶藪也。』」注云：「窶藪，戴器也。」以盆盛物戴于頭者，則以窶藪薦之，盆下之物有飲食氣，故鼠銜之，所以不容穴，坐銜窶藪自妨，故不得入穴。窶音貧窶之窶，藪音數物之數，上其羽切，下山羽切。案：此條多脱誤字，今據《漢書》傳注校正。

龍眠畫《五馬圖》，空青老人曾紆公卷跋之曰：「元祐庚午歲，以方聞科應詔來京師，見魯直九丈于酺池寺。魯直時爲張仲謀箋題李伯時畫《天馬圖》【九】。魯直謂余曰：『異哉，伯時貌天廄滿川花，放筆而馬殂矣！蓋神駿精魄皆爲伯時筆端取之而去，實古今異事，當作數語記之。』後十四年，當崇寧癸未，余以黨人貶零陵，魯直除籍徙宜州，過余瀟湘江上，因與徐端國、朱彥明道伯時畫殺滿川花事，云：『此公卷之所親見。』余曰：『九丈當踐前言記之。』魯直笑曰：『只少此一件罪過。』後二年，魯直死貶所。又二十七年，余將漕兩浙，當紹興辛亥。至嘉禾，與梁仲謨、吳德素、張元覽汎舟訪劉延仲于真如寺，延仲遽出是圖，開卷錯愕，宛然疇昔，撫掌念往，逾四十年，憂患餘生，巋然獨存，彷徨弔影，殆若異世也【一〇】。因詳敘本末，不特使來者知伯時一段異事，亦魯直遺意」云云。按：畫殺滿川花亦當時一段異事，而傳記所不載，紀詠所不及，何耶？豈是時方以獲罪爲懼，

【九】張仲謀　「謀」原作「達」，據周密《雲煙過眼録》卷上改。案：張詢字仲謀，元祐中爲兩浙提刑、知越州，與黃庭堅有交游唱和。

【一〇】異世　原作「異身」，據《雲煙過眼録》卷上改。

諱不敢言耶？　王逢原嘗賦韓幹畫馬云：「傳聞三馬同日死，死魄到紙氣方就。」豈前世亦有此事乎？

李易安紹興癸亥在行都，有親聯爲内命婦者，因端午進帖子。《皇帝閤》曰：「日月堯天大，璿璣舜曆長。側聞行殿帳，多集上書囊。」《皇后閤》云：「意帖初宜夏，金駒已過蠶。至尊千萬壽，行見百斯男。」《夫人閤》云：「三宮催解粽，妝罷未天明。便面天題字，歌頭御賜名。」時秦楚材在翰苑，惡之，止賜金帛而罷。「意帖」用上官昭容事。

前輩公主制云：「瓊華在著，已戒齊風之驕；粉水疏園，莫如徐國之樂。」晏公《類要》亦用「粉田」事，蓋亦脂澤湯沐之意也。若駙馬，則以何晏事稱「粉郎」、「粉侯」。文及甫稱韓忠彦爲「粉昆」，以其爲嘉彦之兄；又指王師約之父克臣爲「粉爹」，益可怪。

劉潛夫、王實之平昔論交最深，且意氣不相下。實之蹭蹬，凡六爲別駕，其爲吉倅，適潛夫宜春之麾與之相先後，潛夫開宴爲餞，且侑之《樂語》，有云：「有謫仙人駿馬名姬豪放之風，無杜陵老殘盃冷炙悲辛之態。」又云：「擁通德而著書，命便了而酤酒。麗人歌陶秀實郵亭之曲【一二】，好事繪韓熙載夜宴之圖。賀客盈門，勸展驥而爲別駕；長官分席，嘆無蟹而有監州。」極摹寫之妙焉。既而實之報席，亦有侑語云：「七年三出使，山岳漸見動搖；十載六監州，風月不禁分破。陌上歌採桑曲，惱殺羅敷；觀中賦種桃詩，壓倒夢得。梅花入句，如何遜之在揚州；薏苡滿船，如伏波之歸交趾。忌名下人，棄沅芷、

【一二】歌陶秀實郵亭之曲　「曲」原作「典」，據盧校本改。案：陶秀實即五代時陶穀，入宋後奉使南唐，韓熙載以妓秦弱蘭詐爲驛卒女，弊衣持帚灑掃，陶悦之，爲賦《風光好》詞，中有「只得郵亭一夜眠」之句，後弱蘭于席間歌此詞以侑酒。

湘蘭而不佩；漏禁中語，覺階薇、砌藥之無情。」皆能抓著癢處也。

葉隆禮士則謫居袁州，袁之士友醵酒以招之，蜀士張汴朝宗作《樂語》一聯云：「掃地焚香，有蘇州之雅淡；仰天拊缶，無楊氏之怨傷。」士則大稱之。

水心翁以抉雲漢、分天章之才，未嘗輕可一世，乃于「四靈」若自以爲不及者，何耶？此即昌黎之于東野，六一之于宛陵也。惟其富贍雄偉，欲爲清空而不可得，一旦見之，若厭膏粱而甘藜藿，故不覺有契于心耳。昔吳中有老縻丈，多學博記，每見吳仲孚小詩，輒驚羨云：「老夫纔落筆，即爲堯、舜、周、孔、漢高祖、唐太宗追逐不置，君何爲能脱灑如此哉？」即水心取「四靈」之意也。

臨江丁熺，乙丑諒闇榜第四人，爲他恩例所壓，抑居第八，授永州教，章采代爲作啓謝辨章云：「諸公袞袞，皆自下以升高；一介休休，獨瞻前而忽後。」廖羣玉亟稱于賈，改隆興節推。

晏殊嘗進牡丹詩表，云：「布在密清之囿。」「密清」二字人多不曉。蓋用《東京賦》中語：「京室密清，罔有不韙。」

王宣子守吳，幕僚投啓有云：「仲舒哀然舉首，豈久相于江都；望之雅意本朝，姑暫居于馮翊。」宣子喜之，舉以京剡。楊廷秀以大蓬漕江東，其屬亦有啓云：「斯文之得喪在天，領袖素尊于海内；賢者之出處以道，旌旗已至于江東。」公亦欣然剡上。

史直翁丞相表語云：「侵尋歲月，六十有三；補報朝廷，萬分無一。」又李淇水謝户書云：「補報朝廷，本末無萬分之一；因循歲月，甲子已六十有奇。」

霅中有游士春時誤入趙孟𢡟之園者，案：趙孟𢡟之「𢡟」，原本誤作「蟻」，今據《宋史・宗室表》改正。爲其家幹僕所辱，訟之于官，郡守趙必槐德符治之，士子以啓爲謝云：「杜陵之厦千萬間，意謂大庇寒于天下；齊王之囿四十里，不知乃爲穽于國中！」

劉自之被召試，用虚齋趙以夫之薦也，既而爲庸齋趙汝騰所激，于是以盧鉞威仲補其選，盧以同里之嫌辭之云：「楚亡弓，楚得弓，難泯同鄉之迹；漢刻印，漢銷印，初何反汗之嫌。」卒辭之。又蕭振再知四川，趙莊叔行詞云：「刻印銷印如轉圜，朕嘗虚己；失馬得馬如反掌，卿勿容心。」

宣和間尚書新省成，車駕臨幸，時宰命一時朝士能文者各擬謝表，獨林子中者擅場，其一聯云：「北辰居極，外環象斗之宫；黄道初經，旁及積星之位。」

嘉定間，寶謨閣學士許奕病篤，口占遺表云：「臣非衰病，偶染微痾。當湯熨可去之時，臣則以疾而爲諱；及鍼砭已窮之後，醫遂束手而莫圖。静思膏肓所致之由，大抵脈絡不通之故。固知養患成禍，豈惟理身則然？苟能疏壅預防，以之醫國亦可。」蓋指近事以身爲喻也【一二】。乾道間，胡周伯尚書亦云：「賈誼號通達國體，大瘇跋盭，類辟病痱，皆借一身喻之。今日國體何病也，能言病未必能處方，不能言病而輒處方，誤人死

【一二】以身爲喻　原作「以爲身喻」，據盧校本改。

矣！今日之病名風虛，虛内也，風外也。外風忽中，半身不遂，靖康也；幸其半存，建炎也；咎已往半存之身，常凜凜不自保也。今欲併治不遂者，怵市道之説，售嘗試之方，湯熨砭石，雜然而進，使誼復生，必慮中風至再，至半存之身亦不能救矣，所謂可痛哭流涕者也。」蓋本吕獻可乞致仕表，云：「臣本無宿疾，偶值醫者用術乖方，不知脈候有虛實，陰陽有順逆，診察有標本，治療有後先。妄投湯劑，率任情意；差之指下，禍延四肢。寖成風痺，遂難行步，非徒憚跋盭之苦，又將虞心腹之變。勢已及此，爲之奈何！雖然一身之微，固所未恤，其如九族之託，良以爲憂。是思逃禄以偷生，不俟引年而退政。」三公之論實祖誼云。

開慶間，馬華父制置江閫日，嘗于青溪建祠以祀先賢，斷自吴泰伯以下，凡四十一人，皆嘗仕、若居、若遊于此者獲與焉。蓋華父之祖亦嘗仕于昪故也【一三】。祠成，命馮可遷贊之，其贊馬公末語有「爾祖其從與享」之句，或摘以爲譏，華父遂去乃祖之祀焉。或謂劉子澄清叔與華父有宿憾，授意于馮云。

王似賀太常丞兼翰林權直一聯云：「白也無敵，雅宜翰林供奉之才；赤爾何如，暫習宗廟會同之事。」又賀司業除翰苑云：「國子先生，晨入太學；翰林學士，夜對禁中。」

王珪行郝質殿巖制云：「曾無夜鼜之譁，自得剛牙之重。」《周禮·地官》：「凡軍旅，夜鼓鼜。」千歷切，注云：「戒守鼓也。」

【一三】昪　原作「昇」，誤。案：昪指南唐開國君主李昪。

張孝曾之父少師與洪忠宣久陷金國，其後獲歸而終身爲秦檜之所抑。近世陳容公儲跋其墓碑云：「流離區脱，視死如飴，君子有性焉，不謂命也。絶漠來歸，忠不見録，君子有命焉，不謂性也。」暨檜殞金亡，忠宣、少師二公如生，故曰「知性與命，則知天矣。」

建炎末，柔福帝姬自北歸，朝廷封爲福國長公主，下降駙馬都尉高世榮，汪浮溪當制云：「趙城方急，魯元嘗困于車馳；江左復興，益壽宜充于禁臠。」可謂善用事。

楊大年云：「觀書百行須中程。」漢《刑法志》：「夜理文書，自程決事，日懸石之一。」注云：「懸，稱也。省讀文書，日以百二十斤爲程。」

唐僧齊己有《白蓮集》，爲《風騷旨格》，所與遊者吴融、鄭谷，皆晚唐人也。杜詩所稱「己公茅屋下，可以賦新詩」，決非此己公明矣。

劉平國戲題云：「選詩非選官，論詩非論人。」故若耶女子、天竺牧童皆得預唐名公之列。

詩文中有摘人姓名一字而言者，如班固《幽通賦》：「巨滔天而泯夏兮」，以王莽字巨君；「重醉行而自耦」，重乃重耳。李白《扶風豪士歌》云：「原嘗春陵六國時」，蓋四公子也。杜詩用「揚馬」，則雄、相如也；「卿雲」、「淵雲」，則長卿、子雲、王褒也；「東馬」則方朔、相如也。如「葛亮」、「馬相如」等甚多，亦有礙理者。然《論語》「吾友張也」，《舜典》「伯，汝作秩宗」，蓋亦有所本也。

《赤壁賦》謂：「自其變者而觀之，則天地曾不能以一瞬；自其不變者而觀之，則物與我皆無盡也。」此蓋用《莊子》句法：「自其異者而視之，肝膽楚越也；自其同者而視之，萬物皆一也。」又用《楞嚴經》意：「佛告波斯匿王言：『汝今自傷髮白面皺，其面必定皺于童年，則汝今時觀此恒河，與昔童時觀河之見，有童耄不？』王言：『不也，世尊。』佛言：『汝面雖皺，而此見精性未嘗皺，皺者爲變，不皺非變，變者受生滅，不變者元無生滅。』」

周子充作《定光菴記》：「佛以慧日照三千大千世界，顧豈滯于方？然日出暘谷，浴于咸池，拂于扶桑，躔度必有所舍，其明難與佛等。」乃全用東坡《奉安神宗書閣祝文》語也。

東坡《赤壁賦》多用《史記》語，如「杯盤狼藉」、「歸而謀諸婦」皆《滑稽傳》；「正襟危坐」，《日者傳》；「舉網得魚」，《龜筴傳》；「開户視之，不見其處」，則如《神女賦》：所謂以文爲戲者。

東坡云：「往時陳述古好論禪，自以爲至矣，而鄙僕所言爲淺陋。僕語述古：『公之所談，譬之于食龍肉也，而僕所學，豬肉也。豬之與龍則有間矣，然公終日説龍肉，不知僕之食豬肉實美而真飽也，不知君所得者果何也！』」

甫里有《杞菊賦》，東坡有《後杞菊賦》，張南軒有續賦，夏樞密亦有續賦，亦各有意。

薛夢桂字叔載，號梯飆，永嘉人。父大圭，紹熙間上書乞立儲，在趙忠定諸人先。叔載擢高科，通京籍，風度清遠，所居西湖五雲山，曰「隔凡關」，曰「林壑甕」，通命之曰「方厓小隱」，諸名士莫不納交焉。儷語、古文、詞筆皆灑落，不特詩也。

張建自號蘭泉，其論詩云：「作詩不論長篇短韻，須要詞理具足，不欠不餘，如荷上灑水，散爲露珠，大者如豆，小者如粟，細者如塵，一一看之，無不圓成，始爲盡善。」

高復古嘗謂學者云：「胸中無千百家書，乃欲爲詩，如賈人無資，終不能致奇貨也。」

宋之文治雖盛，然諸老率崇性理，卑藝文。朱氏主程而抑蘇，呂氏《文鑑》去取多朱意，故文字多遺落者，極可惜。水心葉氏云：「洛學興而文字壞。」至哉言乎！

石林詞「誰採蘋花寄與」，又「悵望蘭舟容與」，或以爲重押韻，遂改爲「寄取」，殊無義理。蓋「容與」之「與」自音豫，乃去聲也。揚子雲《河東賦》云：「靈輿安步，風流容與。」注：「天子之容暇而安豫【一四】。與讀爲豫。」漢《禮樂志・練時日》「澹容與」注：「閑舒，皆去聲。」

姜堯章《鐃歌鼓吹曲》乃步驟尹師魯《皇雅》，《越九歌》乃規模鮮于子駿《九誦》，然言辭峻潔，意度蕭遠，似或過之。

士大夫辭榮固是美事，然有不當辭而辭者，至于不肯磨勘，甚而批毀印歷，而世以爲高而效之者，皆非中道也。司馬公《辭樞密副使章》有云：「臣自幼時習賦、論、策就試，

【一四】容暇　原作「容服」，據《漢書・揚雄傳》引《河東賦》顔師古注改。

每三年一次乞磨勘，豈不慕榮貴者乎？蓋天下自有中道，過猶不及也。」此爲古今至論。今所謂喋喋辭免者，安知非飾詐邀名哉！德祐末，大臣則又有以辭榮而避難者，此尤不足道也。

坡翁謂陳師仲曰：「足下所至詩但不擇古律，以日月次之，異日觀之，便是行記。」此説極佳，故王筠以一官爲一集。楊大年亦然，所著有《括蒼》、《武夷》、《潁陰》、《韓城》、《退居》、《汝陽》、《蓬山》、《冠鼇》、《辭榮》之類【一五】。簡齋所謂「一官成一集，盡付古沙頭」是也。

史達祖邦卿，開禧堂吏也，當平原用事時，盡握三省權，一時士大夫無廉耻者皆趨其門，呼爲梅溪先生。韓敗，達祖亦貶死。善詞章，多有膾炙人口者，李和父云：「其詩亦間有佳者。」

李文饒《退身論》云：「天下善人少，惡人多，一旦去權，禍機不測。操政柄以禦怨誹者，如荷戟以當猛獸，閉關以待暴客；若舍戟開關，則寇難立至。遲遲不去，以延一日之命，庶免終身之禍。是以懼禍而不斷，未必皆耽禄而已。」嗚呼，其言亦哀矣！

宣律師嘗夜夢神人燒香供養，香氣與世間不同，因問曰：「此何香？」答云：「西天棘林中香。」案：夢天棘事，蔡夢弼注杜甫詩嘗引之，此條必攷證甫詩，而傳寫佚其後半。

周益公嘗戲作賀冬啓云：「數九九而哦詩，自憐午瘦；辦多多而有酒，驟覺冬肥。」

【一五】汝陽蓬山冠鼇辭榮之類　「汝陽」原作「海陽」，據陳振孫《直齋書録解題》卷一七楊億《武夷新集》條改。「榮」字原缺，據同書補。

林子善家藏崔慤畫龜甚佳，朱希真作贊曰：「骨爲裘褐，氣爲饘饘，孰令汝壽，惟蟲知天。他日碧波蓮葉上，不知誰見小如錢。」

蔣重珍伯父能禪，其亡也，重珍祭之以文，云：「不必輕生，前以爲空；不必重死，後以爲實。」此語極有味。

周子充云：「文章有天分，有人力，而詩爲甚。才高者語新，氣和者韻勝，此天分也。」

世言李泰伯不喜孟子，而所賦《哀老婦》詩云：「仁政先四者，著在孟軻書。」何耶？正則作吕君用誌，形容其儉以起家之意云：「一扇十年，尚補緝之；道遇墜炭數寸，亦袖攜以歸。」亦近乎薄矣。

天聖中，吴感爲殿中丞【一六】，吴中所居有紅梅閣，蓋吴有愛姬者紅梅，因以名閣，又作《折紅梅》詞。

「菖蒲花，難見面」：古語也。案：《玉臺新詠》載《西曲歌·烏夜啼》曰：「菖蒲花，可憐聞名不曾識。」《南史》亦載張皇后見菖蒲事。必宋人詩詞有用此典者，故密引古語證明出處，而傳寫佚其後半。

【一六】吴感　原作「吴咸」，今據范成大《吴郡志》卷一四改。案：周密此條實採擷范書而成，文字大同小異。又孔平仲《談苑》卷二、龔明之《中吴紀聞》卷一亦載此事，均作「吴感」。

卷中

白傅詩：「天黄生颶母，雨黑長楓人。」案：此白居易《送客遊嶺南》詩，原本誤作太白詩，「雨」字誤作「雷」，今校正。注云：「颶母如斷虹，有大風即見。楓人因夜黑雲雨暗，長數丈。」比見李仲賓云：「往年在東平，舟夜行，殘夜微月，擁篷眺望，忽有黑雲起天角，漸成巨人，其長數十丈，掉臂闊步行水上，掠舟而西，一舟皆驚魘，羣起視之，其去如飛。」得非所謂「楓人」耶？

對偶之佳者曰：「數點雨聲風約住，一枝花影月移來」；「柳摇臺榭東風軟，花壓欄杆春晝長」；「天下三分明月夜，揚州十里小紅樓」；「梨園子弟白髮新，江州司馬青衫濕」。數聯皆天衣無縫，妙合自然。

昌黎之貶陽山【一】，遇順宗即位，赦，以伾、文之黨尚熾，不得放還，其《寄三學士》詩云：「前日遇恩赦，私心喜還憂。果然又羈縻，不得供鉏耰。」又《憶昨行》云：「伾、文未揃崖州熾【二】，雖得赦宥常愁猜。近者三姦悉破碎，羽窟無底幽黄能。眼中了了見鄉國，知歸有日眉方開。」其情亦可憐矣。大抵小人專政，安肯以恩赦放逐客？懼恩不及己故也。

校勘記

【一】陽山　原作「山陽」。案：韓愈于德宗貞元十九年貶爲陽山（今屬廣東）令，事載新、舊《唐書》本傳，今據以改。

【二】崖州　原作「厓州」，據韓愈《憶昨行和張十一》詩改。案：韋執誼于永貞元年十一月貶崖州司馬。

岑嘉州《赤驃馬歌》云：「平明翦出三鬃高。」樂天亦云：「馬鬣翦三花。」所謂「三花」者，蓋唐御馬多翦鬃爲三瓣。李伯時常畫三鬃馬圖。余少日觀御馬，有翦作山水、人物、花鳥之像甚精，一時所尚如此，蓋不止翦三鬃也。

孟郊云：「難將寸草心，報答三春暉。」案：孟郊《遊子吟》：「誰言寸草心，報得三春暉。」蓋傳本有異。此語關綱常，非唐詩人語也。至東坡詩云：「微生真草木，無處謝天力。慈顔如春風，不見桃李實。古今抱此恨，有志俯仰失。」其言尤悲。東萊于《蓼莪》章云：「莪蒿不能報天地之生育，猶人子不能報父母之劬勞。」皆祖郊之意也。

少陵「嘗果栗皺開」，「皺」或作「雛」。周繇賦云：「開栗弋之紫皺。」貫休詩云：「新蟬避栗皺。」又云：「栗不知皺落。」按《集韻》：「皺，側尤切，草紋蹙也，即栗篷耳。」案：《廣韻》：「皺，初紀切，音剩，齧也。」無側尤切、平聲。攷貫休集作「栗皺」，注：栗，篷也。《集韻》：「菑尤切，縐，平聲，革紋蹙也。」字从皮，不从欠。據此則「皺」當作「皺」，「草紋」亦當是「革紋」之誤。又案：貫休詩以「栗皺」對「菱殼」，固當作「皺」。杜詩本作「栗園」，以對「樵徑」，則又不必改作「栗皺」矣。今就原文訂證之。

杜詩喜用「懸」字，然皆絶奇，如「江鳴夜雨懸」，「侵籬澗水懸」，「山猨樹樹懸」，「空林暮景懸」，「當空淚臉懸」，「獮猴疊疊懸」，「疎籬野蔓懸」，「複道重樓錦繡懸」。

白傳詩云：「曾家機上聞投杼，尹氏園中見掇蜂。但以恩情生罅隙，何人不解作江充？」小坡《思子臺賦》云：「彼楊公之愛修兮，豈減吾之蒼舒？」皆深中人情。

李商隱詩云：「咸陽宫殿鬱嵯峨，六國樓臺艷綺羅。自是當年秦帝醉，不關天地有山河【三】。」末句殊不可曉。南昌裘聞詩以爲「秦帝」合作「天帝」，「天地」合作「秦地」，事在張平子《西京賦》，曰：「昔者大帝悦穆公而覲之，饗以鈞天廣樂，帝有醉焉，乃爲金策，錫用此土，而翦諸鶉首。是時也，並爲强國者有六，然而四海同宅西秦，豈不詭哉！」李善注：「昔穆公嘗如此，七日而寤。《志林》曰：『天帝醉秦暴，金誤隕石墜』。《列仙贊》云：『秦穆受金策祚世之業。』」史載秦地雨金三日，「金誤隕」其是耶？嗚呼，天帝果有時而醉乎？

李商隱《晉元帝廟》云【四】：「青山遺廟與僧鄰，斷鏃殘碑鎖暗塵。紫蓋適符江左運，翠華空憶洛中春。夜臺無月照珠户，秋殿有風開玉宸。弓劍神靈定何處？年年春緑上麒麟。」案：此詩李商隱集不載，未詳所據何本，疑姓名有誤。

東坡詩喜用「揭來」字：「揭來東觀棄丹墨」，「長陵揭來見大姊」，「揭來城下作飛石」，「揭來畦東走畦西」，「揭來從我遊」，「揭來齊安野」，「揭來清潁上」，「揭來廉泉上」。其用字蓋出于顔延年《秋胡詩》：「揭來空復辭」，所用之意同耳。

坡翁嘗作《女髑髏贊》，云：「黄沙枯髑髏，本是桃李面。而今不忍看，當時恨不見。」其後徑山大慧師宗杲亦作《半面女髑髏贊》，云：「十分春色，誰人不愛？視此三分，可以爲戒。」甫成四句，忽若有續之

【三】自是當年秦帝醉不關天地有山河　案：李商隱《咸陽》詩原作：「自是當時天帝醉，不關秦地有山河。」李詩本不誤，周密誤録，又據以强作解人，實多此一舉。參見馮浩《玉谿生詩集箋注》卷三。

【四】李商隱晉元帝廟云　此條盧文弨本眉批曰：「當時有名李義山者，或傳寫，遂誤以爲唐人。」又：「李彭老，字商隱，疑其所作。」案：南宋詩人李彭老，字商隱，號篔房。

者云：「玉樓清夜未眠時，留得香雲半邊在。」吴君特嘗戲賦《思佳客》詞云：「釵燕攏雲睡起時，隔牆折得杏花枝。青春半面妝如畫，細雨三更花欲飛。情輕愛别舊相知，斷腸青冢幾斜暉。亂紅一任風吹起，結習空時不點衣。」案：此詞未載詞譜，後半闋當以三字二句换頭，乃作七字一句，或宋人有此别體。

東坡謂晨飲爲「澆書」，李黄門謂午睡爲「攤飯」，放翁拾以爲句云：「澆書滿挹浮蛆甕，攤飯横眠夢蝶牀。」

陸放翁有《心太平菴詩》云：「天下本無事，庸人擾之耳。胸中故湛然，忿欲定誰使？」又云：「少年妄起功名念，豈信身閒心太平。」樂天有云：「閒傾三數酌，醉吟十餘聲。便是羲皇代，先從心太平。」蓋出《黄庭經》云：「觀志流神寄奇靈，閒暇無事修太平。」又《外景經》云：「觀志遊神三奇靈，行閒無事心太平。」又樂天云：「此身不欲全强健，强健多生人我心。」又云：「自學坐禪休服藥，從他日復病沈沈。」于良史云：「僻居人事少，多病道心生。」此存楚以爲外懼之意。

放翁在朝日，嘗與館閣諸人會飲于張功父南湖園，酒酣，主人出小姬新桃者，歌自製曲以侑尊，以手中團扇求詩于翁，翁書一絶云：「寒食清明數日中，西園春事又匆匆。梅花自避新桃李，不爲高樓一笛風。」蓋戲寓小姬名于句中，以爲一笑。當路有恚之者，遽指以爲所譏，竟以此去。

放翁有「南酒應憐未歸客」及「更就高僧學白虀」。蓋嘉州用南中法釀酒，及僧用糝加菜，不施鹽酪，故名白虀。

放翁詩云：「故人自作宣明面，老子曾聞正始音。」宋劉瑀與顔竣書云：「朱修之五代叛者，一朝居青油幕下，作謝宣明面向人。」謝鯤重衛玠，言論彌日，王敦謂鯤曰：「微言之緒絶而復續，不意永嘉之末，復聞正始之音。」正始乃魏齊王芳年號。宣明，謝晦字也。

俗以油餳綴糝作餌，名之曰蓼花，取其形似也。放翁詩云：「新蝶餳枝綴紅糝。」「餳枝」二字甚新。

放翁詩多用新語，如「厚味無人設佞湯，微芬時自注廉香」。自注：「以松子、胡桃蜜作湯，謂之佞湯；以炭末、乳香蜜作濕香，謂之廉香。」

放翁詠長安富庶，有云：「紅桑琵琶金鏤花，百六十絃彈法曲。」蓋四十面琵琶也。

涪翁詩云：「一錢不直程衛尉，萬事稱好司馬公。白髮永無懷橘日，三年惆悵荔枝紅。」張巨山詩云：「故園墳樹想青葱，寒食風光淚眼中。自痛不如傖父子，紙錢猶掛樹頭風。」予以永感之人，久離墳墓，每讀爲之潸然。

涪翁云：「百葉緗梅觸撥人。」又云：「椎牀破面振觸人【五】。」樂天榴花詩：「撐撥詩人興。」陸天隨《蠹化》曰：「或振觸之，輒奮角而怒。」《朝野僉載》楊廷玉《回波詞》：

【五】椎牀破面振觸人　「椎」原作「推」，誤。據黄庭堅《謝答聞善二兄九絶句》之七（《山谷詩集注》卷一五）改。

「阿姑婆見作天子【六】，旁人不得振觸。」

山谷詠鷓鴣詩云：「終日憂兄行不得，鷓鴣應是鼻亭公。」象嘗封于鼻亭，柳子厚有《鼻亭神記》。或謂山谷在永所作，永州道接鼻亭，故云。非也。

半山云：「退之善爲銘，如王適、張徹，尤奇。」余亦謂《董府君》及《貞曜》二銘尤妙。《董》云：「物以久弊，或以轢毁。攷致要歸，孰有彼此？由我者吾，不我者天，斯而以然，其誰使然？」《貞曜》云：「於戲貞曜，維出不訾，維持不猗，維卒不施，以昌于詩。」坡翁嘗舉此問王定國云：「當昌其身耶，昌其詩也？」王來詩不契所問，乃作詩答之曰：「昌身如飽腹，飽盡還復饑。昌詩如膏面，爲人作容姿。不如昌其氣，鬱鬱老不衰。雖云老不衰，刼壞安所之？不如昌其志，志一氣自隨。養之塞天地，孟軻不吾欺。」案：韓愈集《董府君銘》，原本「董」訛「蕭」，「物」訛「或」，今據本集改正。

半山詩云：「謀臣本自繫安危，賤妾何能作禍基？但願君王誅宰、嚭，不愁宫裏有西施。」李泰伯詩云：「若教管仲身長在，宫内何妨有六人？」在管仲時，桓公之心未蠹也；若已蠹，雖管仲奈何！未有心蠹尚能用管仲之理。張文定《遊華清宫》云：「當初不是不窮奢，民樂昇平不怨嗟。姚、宋未亡妃子在，胡塵那得到中華！」亦此意也。

王荆公《書堂詩》：「烏石岡頭上塚歸，柘岡西畔下書帷。辛夷花發白如雪，萬國春風慶曆時。」皆有可觀者。案：此句「皆」字無著，疑此詩前尚有一詩，傳寫佚脱。

【六】阿姑婆見作天子　案：《朝野僉載》引此句即作七字句，然《回波詞》格式爲六言四句，故疑此句當作「阿婆姑作天子」或「阿婆見作天子」。

姜堯章《雪中訪范至能于石湖》詩云：「雪矸如玉城，偏師敢輕犯。黄蘆陣野鶩，我自將十萬。三戰渠未降，北面石湖范。先生霸越手，定自一笑粲。」至能酬之云：「鵝鶩聲喑雪臆豪，直前不憚夜行勞。更能櫜鞬尊裴度，千古人知李愬高。」前輩稱獎後進，不以名位自高，交相尊讓，亦可見一時士大夫風俗之美也。

昔鮑永過更始之墓，欲下車致禮，從事止之，以爲不可，曰：「吾嘗北面事之，安可乘車而過？吾寧獲罪于司隸。」遂下車慟哭而去。光武聞之曰：「可謂忠臣矣！」王仁裕過關中，望春明門，乃蜀後主被誅之地，乃作詩哭之曰：「九天冥漠信沈沈，重過春明淚滿襟。齊女叫時魂已斷，杜鵑啼處血尤深。霸圖傾覆人全去，寒骨飄零草亂侵。何事不如陳叔寶，朱門流水自相臨。」徐鉉歸朝後，乞爲故主李煜作墓碑，朝廷從之。案：翟耆年《籀史》：「太平興國中，詔侍臣撰李煜神道碑，有欲中傷徐鉉者奏曰：『吴王事莫若徐鉉爲詳。』遂詔鉉撰，鉉乞存故主之義云云。」非鉉乞撰，此所記殊誤，謹附訂于此。其辭有云：「盛德百世，善繼者所以主其事；聖人無外，善守者不能固其存。西鄰起釁，南箕搆禍。投杼致慈親之惑，乞火無鄰婦之辭。」又曰：「孔明罕應變之略，不成近功；偃王躬仁義之行，終于亡國。」又作詩挽之云：「欻忽千齡盡，冥茫萬事空。青松洛陽陌，荒草建康宫。道德遺文在，興衰自古同。受恩無補報，反袂泣途窮。」「土德承餘烈，江南廣舊恩。一朝人事廢，千古信書存。哀挽周原道，銘旌鄭國門。此生雖未死，寂寞已消魂。」

《道山新聞》云：「李後主宮嬪窅娘，纖麗善舞，後主作金蓮，高六尺，飾以寶物、組帶、纓絡，蓮中作五色瑞雲，令窅娘以帛繞脚，令纖小屈上，作新月狀，素襪，舞雲中曲，有凌雲之態。唐鎬詩曰：『蓮中花更好，雲裏月長新。』是後人皆效之【七】，以弓纖爲妙，蓋亦有所自也。又有《金蓮步詩》云：『金陵佳麗不虛傳，浦浦荷花水上仙。未會與民同樂意，卻于宮裏看金蓮。』」

開元中賜邊軍纊衣，製于宮中，有兵于袍中得詩云：「沙場征戰客，寒苦若爲眠？戰袍經手作，知落阿誰邊？蓄意多添線，含情更著綿。今生已過也，重結後生緣！」兵士以詩呈帥，帥進呈，玄宗遍示宮中，曰：「作者勿隱，不汝罪。」有一宮人自言「萬死」，上深憫之，遂以嫁得詩者，謂曰：「吾與汝結今生緣。」邊人感泣。又僖宗時，自內中出袍千領，賜塞外吏士，有馬真者于袍中得金鎖一枚，詩一首，云：「玉燭製袍夜，金刀呵手裁。鎖寄千里客，鎖心終不開。」真就市貨，爲人所告，主將奏聞，僖宗令赴闕，以宮人妻之。其後僖宗幸蜀，真晝夜不解衣捍禦。此事凡有兩出處，未知孰是。

姚鏞字希聲，號雪篷，紹定間以忤陳子華謫之衡陽，嘗有一聯云：「癡雲蔽嶽行人遠，淫雨摧花白髮生。」戴復古由閩度嶺訪之，有云：「一官不幸有奇禍，萬事但求無愧心。」姚謝之云：「萬里尋遷客，三年見此人。」蕭大山亦寄詩云：「得謗何須囊薏苡，工騷且自製芙蓉。」剡僧淵萬壑云：「故里田園拋弟妹，異鄉燈火對妻兒。十年漂泊孤篷雪，

【七】是後人皆效之　「後」字原無，據盧校本補。

誰補梅花入楚辭？」至端平丁酉，甫得自便，有詩云：「天恩下釋湘纍客，心事悠悠月一船。種藥已收思病日，著書不就負殘年。雜花怪石分人去，老竹荒亭入畫傳。歸夢鑑湖三百里，白鷗相候亦欣然。」故剡僧皓鐵山以詩迎之，云：「楚鴈傳歸信，吳鷗候過船。」

三衢常山旅邸壁間有詩云：「荼蘼香夢怯春寒，永晝垂簾燕子閒。敲斷玉釵銀燭冷，計程應已過常山【八】。」又：「南國傷讒緣薏苡，西園議價指葡萄。惟餘白髮存公道，近日豪家染鬢毛。」又：「有約未歸蠶結局，小軒空度牡丹春。夜來揀盡鴛鴦繭，留織征衫寄遠人。」

衢人徐子勉假館浙西，主人調官都城，與之偕。主人買妾以歸，舟中置酒奏伎，歌闌酒罷，深夜就寢，徐夢一士云：「君輩方盡歡，而鬼趣有苦饑者，獨不能以餘瀝見及乎？」因哦詩一章。徐驚寤忘之，已而復夢如初，乃盡憶其語云：「鬼嘯猩吟沸篔笛，碎板玉盤珠亂擲。二八佳人舞倦時，蝶困東風斂雙翼。」

張樞斗南，其出處已略載詞話，踐揚朱華，爲宣詞令，閤門簿書，詳知朝儀典故。其姑縉雲夫人，承恩穆陵，因得出入九禁，備見一時宫中燕幸之事。嘗賦《宫詞》七十首，盡載當時盛際，非其他想像而爲者，今摭其十于此：「堯殿融春大宴開，山呼纔了樂聲催。侍臣宣勸君恩重，宰相親王對舉盃。」「觀堂鐘響待催班，步入朱廊十二間。宣坐賜茶開講席，花磚咫尺對天顏。」「月籠梅影夜深時，白玉排簫索獨吹。傳得官家暗宣賜，黄金約臂

【八】常山　原作「恒山」，據四庫本改。

翠花枝。」「翠枝斜插滴金花，特髻低蟠貼水荷。應奉人多宣喚少，海棠花下看飛梭。」「笙歌散後歸深院，花柳陰中過曲廊。靜掩金鋪三十六，黃昏處處爇衙香。」「燦錦堂西過夕陽，水風吹起芰荷香。內監催掃池邊地，準備官家納晚涼。」「晚涼開燕近中秋，香染金風倚桂樓。《花月》新篇初唱徹，內人傳旨索歌頭。」原注：穆陵製《花月》篇。「銀簧乍艷參差竹，玉軸新調尺合絃。奏罷《六么》、《花十八》，水晶簾底賜金錢。」「迴廊隔樹簾簾捲，曲水穿橋路路通。禁漏滴斜花外日，御香薰暖柳邊風。」「紫閣深嚴邃殿西，書林飛白揭宸奎。黃封繳進昇平奏，直筆夫人看內批。」

黃文雷字希聲，永嘉人。希聲有《看雲詩》，不行于世。其賦《昭君行》特爲一時名公所稱道，其辭云：「君不見未央殿前羅九賓，漢皇南面呼韓臣。無人作歌繼大雅，至今遺恨悲昭君。內殿春閒鬭馮傳【九】，掖庭新花隔煙霧。票姚枉奪燕支山，玉顔竟上氈車去。人生流落那得知，不應畫史嫌蛾眉。癡心又共琵琶語，歸夢豈隨鴻雁飛【一〇】？穹廬隨分薄梳洗，世間禍福還相倚。上流厭人知奈何【一一】，後來燕啄皇孫死。野狐落中高臺傾，宮人斜邊曲池平。千秋萬歲只如此，誰似青塚年年青？」按：竟寧元年，呼韓邪既壻漢氏，其年五月，宮車晏駕，故云。

康與之伯可詩云：「越王山下千樹梅，逐客年年走馬來。寒玉滿枝風色裏，不受暖靄輕煙催。故人千里復萬里，折香欲寄生徘徊。孤吟獨醉常夜半，山月野風騎馬回。」余

【九】內殿　原作「丙殿」，據黃文雷《看雲小集》改。此詩又載厲鶚《宋詩紀事》卷六九。

【一〇】癡心又共琵琶語歸夢豈隨鴻雁飛　《看雲小集》「又」作「只」，「豈」作「空」，語意爲勝。

【一一】知奈何　《看雲小集》作「能幾時」。

家有與之手書古詩一卷，自號八本，辭語亦騷雅，往往反爲樂府所掩也。劉克莊潛夫嘗賦《梅花百詠》，其間有云：「春風謬掌花權柄，卻忌孤高不主張。」當國者以爲譏己，遂以煩言去國。其後又作《訪梅詩》云：「夢得因桃數左遷，長源爲柳忤當權。幸然不識桃并柳，卻被梅花累十年。」原注：鄴侯詠柳云：「青青東門柳，歲晏必憔悴。」楊國忠以爲譏己，明皇曰：「詠李者當爲譏朕乎？」又嘗通朝行啓云：「實則詠桃，乃曰含譏于燕麥；偶然題檜，遂云寓意于蟄龍。」東坡梅詩云：「憑仗幽人收艾納，國香和雨入莓苔。」艾納，梅枝上苔也，梅至花過，則苔極香，取少許細嚼之，苦而後甘，如食橄欖，坡意蓋在此也。吴興張沄聲父有苔梅詩云：「老龍全身著艾納，不耐久蟄潛拏空。爪頭撥動陽春信，香在霜痕雪點中。」然苔亦多不同，陽羨石庭者如松花，越中項里者如緑髮。余嘗有句云：「山林緑髮秦宫女，風雨青萍禹廟梁。」或以爲可。林靖之共甫，吴興前輩，能詩不凡，賦梅云：「與月淡交連影瘦，于春無競著花踈。細雨斂塵棲萼潤，輕雲度谷壓香低。」

慶元丙辰冬，姜堯章與俞商卿、銛朴翁、案《癸辛雜識》：葛天民字無懷，後爲僧，名義銛，號朴翁。此云銛朴翁，疑當時取其僧名下一字稱之。張平甫自封禺同載，詣梁谿，道吴淞，既歸，各得詩詞若干解，鈔爲一卷，命之曰《載雪録》，其自敘云：「予自武康與商卿、朴翁同載至南谿，道出苕霅、吴淞，天寒野迥，仰見鴈鶩飛下玉鑑中，詩興横發，嘲唅吟諷，造次出語便工，而朴翁尤敏不可敵。未浹日，得七十餘解，復有伽語小詞，隨事一笑。大要三人鼎立，朴翁似曹孟德，據詩社出奇無窮；　商卿似江東，多奇秀英妙之士；　獨予椎魯不武，雖自謂漢家子孫，然不敢與二豪抗也。」且云：「此編向見之雪林李和父，後歸之僧頤蒙，乃朴翁手書也。古、律、絶句、贊、頌、偈、聯句、詞曲、紀夢凡一百五十三，多集中所無者。」蕭介父題云：「亂雲連野水連空，只有沙鷗共數公。想得句成天亦喜，雪花迎櫂入吴中。」孫季蕃云：「詩字崢嶸照眼開，人隨塵刼挽難回。清苕載雪流寒碧，老我扁舟獨自來。」

余家向有小廨，在杭之曲阜橋，每夕五鼓間，早朝傳呼之聲，雖大雨風雪中亦然，于是慨歎虛名之役人也如此。既而于壁間得一絶云：「霜拂金鞍玉墜腰，鄰雞催唤紫宸朝。爭如林下飽清夢，殘月半窗松影摇。」頗得予心之同，因以類得數篇，併書于此。樂天《寄陳山人》云：「待漏五門外，候對三殿裏。髭鬚凍生冰，衣裳冷如水。忽思仙遊客，暗謝陳居士。暖覆褐衣眠，日高應未起。」又詩云：「重裘暖帽寬氈履，小閣低窗深地爐。身穩心安眠未起，西京朝士得知無？」「軟綾腰褥薄綿被，涼冷秋天穩暖身。一覺曉眠殊有味，無因説與早朝人。」又云：「雞鳴一覺睡，不博早朝人。」諺云：「骨邊肉，五更睡，雖不多，最有味。」正此意也。坡翁《寄傲軒》詩云：「牀頭車馬道，殘月掛疎木。朝客紛擾時，先生睡方熟。」范至能《冬至晚起》云：「新衣兒女鬧燈前，夢裏莊周正栩然。騎馬十年聽曉鼓，人生元有日高眠。」近世翁定遠新其詩云【一二】：「遲明騎馬謁朱門，安得梅花入夢魂？　慚愧高人眠正熟，一生知不受人恩。」周端臣《題東庵》云【一三】：「一庵自隱古城

【一二】新其詩云　「詩」原作「説」，據盧校本改。

【一三】周端臣題東庵　此詩原題作《題葉靖逸東庵》，見《江湖後集》卷三，又見《宋詩紀事》卷七一。

邊，不是山林不市廛。落月滿窗霜滿屋，卧聽宰相去朝天。」

嚴中和號月澗，近世詩人，間多佳句，既無行卷，因摘一二于此云：「山中道人不裹巾，一片石牀生緑鱗。昨夜瓦瓶冰凍破，梅花無水自精神。」又：「梅天雨氣入簾櫳，衣潤頻添柏火烘。四月江南無矮樹，人家都在緑陰中。」又：「一聲杜宇三更後，向曉緑陰連碧苔。卻恨樓高春數尺，柳綿飛不上窗來。」又：「樹影踏不碎，花香嗅卻無」；「寺老柳遮塔，雨多春礙船」；「澗水活不凍，山楓老自靈」；「畫扇題詩鸞背濕，銅彝煎腦鴨心香」。皆佳句也。

馮去辯可訥之遊京口也，岳肅之持餉節在焉，相得甚歡。岳號倦翁，嘗自敘云：「司馬長卿故倦遊，注謂厭宦遊也。是時長卿方以士客臨邛令所，固未嘗宦，焉知倦耶？如予所謂倦者，乃真知之。」嘗賦二詩，有云：「片雲出岫猶知倦，流水吟湘肯伴牢」；又云：「尚有奏篇煩狗監，肯辭馳傳爲駹臣」。可訥次韻云：「餉事十年當結局，襟期千古與同牢」；又云：「琴心自誤誰料理，犢鼻雖貧未主臣」。肅之爲之擊節不已，題其末云：「此小馮君讀珂之文也。」

趙良淳字景程，號常軒，饒之餘干人，忠定丞相之曾孫。咸淳甲戌，長江失守，凡内郡悉除授宗姓，公守霅，明年城失守，公以片紙書付其子曰：「寧爲趙氏鬼，不作他國臣。行年五十有三，守土而死節，尚復奚憾！諸子幸而生者，勉旃忠孝。」書訖，付其子友伯，遂閉閤投繯而死，時乙亥除夕也。陳體仁尚書作詩三章哀之曰：「日慘天無色，城危歲迫除。孤忠元自許，一死不知餘。東衽全遺體，呼兒授訣書。登陴才信宿，腸斷正愁予。」「忠定扶神鼎，安邦不顧身。曾孫能致命，屬籍豈無人？歸骨番江上，招魂霅水濱。死生均此念，老病泣遺民。」「慷慨君讎國，奔逃我喪家。陸沈同一壑，淵涉渺無涯。祈死惟嫌晚，餘生只自嗟。蒿萊連雉堞，落日噪棲鴉。」

陳謂越人，嘗遊廬山，于窮谷中遇一人，髽而跣，坐大盤石，微作吟哦聲。陳異而問焉，髽瞠目不答，驚逝去，陳益異之。至明因寺，爲僧道所見，僧曰：「此興國趙知軍也，爲郡有異政，民德之，兵火後，棄家入山寺中，日以少米給之。」指穹林絶巘間曰：「此其所居也。」陳策杖披荊訪之，髽知有人至，已逸去矣，獨葦屋一間，不蔽風雨，土木瓦器、地爐竹几而已。間有破石硯、短紙數十幅，取視之，則詩也，或一聯、二聯，無成章者。陳僅記其數語云：「戰血肥春草，妖魂附野狐。」又：「風吹沙草落日黄，鴉啄髑髏飛不起。」蓋有道者云。

趙南仲丞相入汴日，嘗經宿境，見奇石，不忍舍。其後治圃溧水第，因語曩事，時趙邦永在傍，退即負之而來，儼然昔所見也。蓋當時意公所喜，即令人舁置，轉江而歸焉。公猶憶其左趾闕如，視之果然。適一匠睨而噩嘆曰：「異哉！當年所失，某適得之。」取而吻合，渾然天成。公異其事而銘之云：「昔我于役，在宿之野。煙磊塵砢，應接不暇。維州所宅，挺立翹楚。既賞而稱，欲去而佇。今我來居，于溧之北。孰爲而至，不謀而得。河浙相望，邈風馬牛。一念所到，造化與疇。工胡運斤，夷于左股。迫而視之，闕如其故。人力攸及，理無復全。疇昔啓之，匠亦有言。執藝函山，留余可績。匪尺而量，匪管而測。乃命之前，乃挈之聯。如磁引鐵，如鸞膠弦。於戲！棄而取之，石無所欣戚也；斷而續之，石無所損益也。物各付物，天契其天。我銘此石，莫非自然。」此馮可遷之文也，余嘗誌其事于《野語》而闕此文，今詳書之。

宋廖瑩中羣玉，以賈相入幕之賓，例行推賞外，别賜上金百兩。廖以之鑄盤匜爲飲器，楊平舟棟爲作古篆銘于器云：「皇帝御極之三十七年，國有大功，一相禹胼，曰余瑩中，與隨旃旍。余疐手扶，余後手牽，曰公何之？敵脅是穿，奇勝草坪，受降馬前。公一何勇，敵一何恐！余汔濟黄，公飯余共，挽漢倒江，盡洗羶湩。既清夷矣，公歸余從。内金惟精，上賞惟重。文昌孫子，是寶是用。誰其銘之？史臣楊棟。」

開禧中有苗氏女，本宦族也，失身爲妾于某朝士，臨行作詩别其母云：「桃花飛盡馬塍春，此日辭家淚滿巾。豈是比鄰無嫁處？千山萬水逐行人。」朝士者知之，遂厚給資以嫁焉。

葛嶺，故相賈似道園池，留題者甚衆，獨吳人湯益字損之一詩膾炙人口，云：「檀板歌殘陌上花，過牆荆棘刺簷牙。指揮已失鐵如意，賜與寧存玉辟邪。廢館晝飛無主燕，荒池春吠在官蛙。木綿庵下猶愁絶，月黑夜深聞鬼車。」

張良臣字武子，近世詩人，有《雪窗集》，有子時，嘗從張公父至象臺，其女兄即徐元杰仁伯之母也，亦能詩，嘗有絶句云：「羅幕金泥窣地垂，夜香燒盡二更時，不知簾外溶溶月，上到梅花第幾枝？」正自不凡。

吕紫微《明妃曲》：「人生在相合，不論胡與秦。但取眼前好，莫言長苦辛。君看輕薄兒，何殊胡地人？」其意固佳，然不脱王半山「人生失意無南北」之窠臼也。

林曾字伯元，號梅嶼，永嘉人，詩極佳，如《汴河》云：「一千八百隋家路，兩岸青青入帝都。可惜翠華南渡後，舊時楊柳一株無。」

俞桂英號野雲，苦吟一生，異時賈師憲嘗稱其「一點梅香到，三分酒力消」，「母念子行遠，兒云爺未歸」，「白雲一樹鶴孤宿，明月滿樓鐘鼓聲」，「百無一事身爲客，十有九分心在家」之句。然野雲自有《人影》詩爲人所稱，云：「身外復添汝，無言隨去留。自從生便有，直到死方休。步月常相逐，臨溪元不流。静中明道眼，總是一虚浮。」

道士褚伯秀，清苦自守，嘗集註莊、老、列三子。天師以學修撰命之，不就，作《貧女吟》二首謝之，曰：「夜績晨炊貧自由，强教塗抹只堪羞。閉門静看花開落，過卻春風不識愁。」「寂寞篷窗鎖冷雲，地爐紉補自陽春。千金莫誤朱門聘，不是穿珠插翠人。」

候館牆壁所書，多有可紀者，予嘗録數處矣。今復得池州貴池驛壁間語云【一四】：

【一四】池州貴池驛　原作「貴陽池驛」。「州」字原無，據四庫本補。案：四庫本亦有誤，「池州」誤作「池洲」。「貴池驛」四庫本作「貴陽驛」。案：池州宋時屬江南東路，治貴池縣，故删「陽」字。

「昨者雨，今日晴。前月小，後月大。君欲問百年，百年如此過。孰爲辱？孰爲榮？何者福？何者禍？山中多白雲，莫教脚一蹉。」潭州四通館梁間有云：「蝸角名，蠅頭利。老天術何巧，以此役斯世。昨日一替死，今日一替生。暗裏換人人不悟，門前每日見人行。」是皆警世之辭也。

賈師憲越第望海樓成，越帥季鏞賦詩爲賀，陳宜中時爲推官，次韻云：「名與山高千古重，恩如海闊一身輕。門下少年初幕府，夢隨諸吏上崢嶸。」又云：「功歸再造金甌好，歲已三登玉燭調。昨日倚筇平地看，一如石壁望松寥。」蓋用太白「石壁望松寥，宛然在碧霄」，蓋山名也【一五】。一時人稱其善于押韻，自此登師憲之門云。

鄧林號謙谷，臨川人，嘗客孟氏塾，戲降紫姑，得詩云：「隔溪雲薄雨飄蕭，欲采荷花不見橋。釵卜無憑芳信杳，酸風空度鳳臺簫。」時有三鄧林，其一括人，其一臨江人，嘗入館。

廣德村寺壁間，有四明王暨文昌題云：「奔馳塵土何時了？自歎一官如蟻小。半夜覓宿僧家園，夢裏聞鴉霜月曉。」暨時爲邑尉，後尉天台。張汝錯俞仲次韻云：「世事反觀俱了了，鵾鵬何大亦何小。木人起舞中郎拍，問著木人應不曉。」二詩皆可録。

德壽宫于吴中得一蟠松，虬枝夭矯，清蔭數畝，思陵嘗御製贊云：「天錫瑞木，得自嶔岑。枝蟠數萬，幹不倍尋。怒騰龍勢，静奏琴音。凌寒鬱茂，當暑陰森。封以腴壤，邇

【一五】蓋山名也　盧校本作「之句」。

以碧潯。越千萬年，以慰我心。」周益公翰苑作端午帖子云：「聞道天公近效奇，澗松特長萬年枝。蜿蜒正作祥龍舞，移得清陰覆玉墀。」正謂此也。

田錫表聖，太宗朝爲翰苑，有《咸平集》，中多佳語，如：「磬韻似煙和燭裊，松聲如雨入窗流」；「行色迎秋清似畫，別情因景化爲詩」；「秋色數行江上雁，殘陽一簇渡頭人」。《詠挑燈杖》云：「自知不是明時用，爛額焦頭力漫多。」《賦楊花》云：「乍如亂峰之下，落泉飛練，噴嵐灑煙，沫花相濺。」政自不凡也。

周漢國公主下降，撒帳詩云：「靜夜無雲惟自照，鳳凰飛入合歡宮。」蓋用王昌齡「青鸞飛入合歡宮，紫鳳銜花出禁中」之句。然《西都賦》云後宮則有增城、合歡，殿名也。

丁大全丞相謫嶺外，至藤州溺死，三山林桂龍以詩嘲之，曰：「一舵中流欠把持，偏輕偏重失便宜。孤舟不是無人渡，身作風波問阿誰？」「移溪實壑誤明君，驚動沿江十萬軍。幸是不沈湘水死，有何面目見靈均？」「稚子如何濟急流，一篙才錯便難收。當初把作尋常看，豈料中流解覆舟！」

韓子蒼挽中山韓帥云：「金絮盟猶在，灰釘事已新。」案：「中山」原本誤作「中小」，今據韓駒《陵陽集》校正。後村以爲語妙而意婉。蓋宣、靖之禍，自滅遼取燕始。上句指韓，下句指童、蔡也。又梁徐勉以時人聞喪事相尚以速，勉上疏云：「屬纊才畢，灰釘已具。」又陳徐陵遺楊遵彦書云：「若鄙諺爲繆，來旨必通。分請灰釘，甘從斧鉞。」不特出前書也。

近歲浙右洊水，田野流離可念。震澤小寺壁間一詩云：「民力久已竭，天乎不見憐。三年兩遭水，十室九無煙。田没官徵賦，家貧子賣錢。秋風江上路，忽見渡江船。」真不減聶夷中也。

天台趙與侲英可嘗夢賦落梅詩，僅記一聯云：「溪月涵虚影，山雲護斷香。」莫知何祥。後爲豐儲倉監，獲四剡，後吴益尹京，辟之爲屬，遂與合尖脱選。蓋吴尹自號「雲山」，于是護香之句遂驗。

李仁甫十八歲爲眉州解魁。時第二人史堯弼字唐英，方十四歲，人疑其文未工也，赴鹿鳴燕，猶著粉紅袴，太守命坐客分韻賦詩，唐英得「建」字，即席援筆立成，有云：「四歲尚少房玄齡，七步未饒曹子建。」後爲張魏公客，不幸早世。

鄭安晚丞相曾詠云【一六】：「如蠶吐緯日縈纏，出没無蹤屋漏邊。懷毒滿身如蝎犬，漫張羅網欲漫天。」蓋爲諸瑫發也。蘇拯詩云：「映日張網羅，遮天亦何别。倘居要地間，害物可堪説！」風人詠物，大率相類。

東萊吕舍人贈林少穎、李迂仲詩云：「嘗聞安身要，其本在無競。」自註云：「王輔嗣《易解》云：『安身莫若無競，修己莫若自保。守道則福至，求福則辱來。』此格言也。」

「小小園林矮矮屋，一日房錢一貫足。官至正郎子讀書，一妻一妾常和睦。」此詩張卿所作。張仕至棘卿，與史彌遠不合，遂不復出矣。

【一六】鄭安晚丞相　「晚」原作「挽」，據盧校本改。案：鄭清之，字德源，號安晚，鄞縣人，嘉定十年進士，嘗與史彌遠定策立理宗，官至右丞相。

蔡元長嘗闢便坐曰南軒，有獻詩者曰：「此軒端的向南開，上下東西總不該。更有一般堪愛處，北風偏向後門來。」人號爲貼題詩。

宣和間，教坊大使袁祹應制詩云【一七】：「金瓶芍藥三千朵，玉軸琵琶四百弦。」可謂盛矣。

吕之鵬，密縣人，申公之裔也，大金宣宗頻年南伐，因作詩撼主兵者云：「縫掖無由掛鐵衣，劍花生澀馬空肥。燈前草就平南策，一夜江神涕泣歸。」其自負如此。

縉雲有掘地得碑石篆書《公子行》云：「少年公子出皇都，勒馬途中倒玉壺。卻問路傍耕稼者，夜來風雨損花無？」並無歲月姓氏。

黄伯樞榮仲《讀馬援傳》詩云：「後車薏苡落讒人，珠貝文犀竟失真。馬革裹尸猶不恨，何須勝瘴與輕身。」

近世趙汝淳《讀〈夷堅志〉》詩云：「千古丘明法度書，豕啼蛇鬭未爲誣。後來更有無窮事，付與蘭臺鬼董狐。」用干寶事甚佳。

曾繹仲成詩云：「已無醜扇几邊亂，空見春鉏天際飛。」《爾雅》：「醜扇，蠅也。」釋云：「醜，類也。青蠅之類，好搖翅自扇。」案：《爾雅》：「蟸，醜螸。螽，醜奮。强，醜捋【一八】。蠭，醜螸。蠅，醜扇。」俱以「醜」字爲句。今曾詩未明句讀，密又顛倒本文，均誤【一九】。

韓平原用事時，華岳子西爲武學生，嘗獻詩云：「漢地不埋王莽骨，唐天難庇禄山

【一七】袁祹　通行作「袁綯」。蔡絛《鐵圍山叢談》卷三稱：「歌者袁綯，乃天寶之李龜年也，宣和間供奉九重。」其名一作「袁陶」，見徐夢莘《三朝北盟會編》卷三〇、《大宋宣和遺事》卷上。

【一八】捋　原作「埒」，據《爾雅》卷九《釋蟲》改。

【一九】俱以醜字爲句……均誤　案語此數句實誤。若「以醜字爲句」，則《爾雅》之文當斷爲：「蟸醜，螸。」(下數句同)今斷句不從其說。據此，則曾詩不誤。

軀。」韓怒，羈管建寧。有詩號《翠微集》，大抵皆粗惡語。

詩家謂誠齋多失之好奇，傷正氣，若「梅子流酸軟齒牙，芭蕉分緑與窗紗。日長睡起無情思，閒看兒童捉柳花」，極有思致，誠齋亦自語人曰：「工夫只在一『捉』字上。」

魏華父墨梅詩：「素王本自難淄涅，墨者胡爲亂等差？玄裏只知揚子白，皜中謾見聖人污。」鶴山又有「東西日月自來往，遑恤人間有喘牛」之句，亦佳。

姚翻詩云：「臨妝欲含涕，羞畏家人知。還將粉中絮，擁淚不教垂。」即今粉撲也。案：《玉臺新詠》載此詩，「還將」作「還持」，「不教」作「不聽」，與此有異。

《太平吟》云：「紛紛紅紫已成塵，布穀聲中夏令新。夾路桑麻行不盡，始知身是太平人。」此可謂善狀太平氣象，勝于誠齋「太平不在簫韶裏，只在諸村打稻聲」之句。

盱人王勝之詩云：「蛙鼓鳴時月滿川，斷螢飛處草迷煙。敲門欲向田家宿，猶有青燈人未眠。」殊有思致。

有爲竹枕作銘云：「珊瑚枝，琥珀盤。流蘇帳暖驂飛鸞，莫忘此君同歲寒。」亦佳語也。

後山「仰看一鳥過，虛負百年身」，極有深意。案：陳師道《次韻秦少游春江秋野圖》詩作「倏看雙鳥下，已負百年身」，任淵注本亦同。此所引疑有誤。

周茂振樞密詩云：「醉倒不辭花面笑，詩成親傍竹身題。」「竹身」二字甚新。

端平甲午入洛之役，二趙喪師，時劉子澄實主帷幄之籌，遂坐貶封川，意不復用。趙仲之死，子澄以詩哭之云：「功名翻覆等南柯，雲掩新阡長薜蘿。千載只憑公論去，百年無奈世情何。高光時節經營易，晉宋人才隱逸多。入汴老賓猶坐謫，餘生只合理煙蓑。」

吴白字少白，豪逸負氣，詩文立成，嗜酒窮空，晚爲僧于廣化寺。時籍中有楊韻者，能小詩，善墨竹。一日諸公會飯，少白持白紈扇，楊爲作小枝于上，少白即題一絶云：「風枝露葉有餘清，轉盼還從玉筍生。願得此君長在眼，子猷雖老未忘情。」

賈師憲甲戌歲寒食日絶句云：「寒食家家插柳枝，留春春亦不多時。人生有酒須當醉，青冢兒孫幾箇悲！」明年師潰身殞，遂成惡讖。

紹興己巳，南郊禮成，思陵御製詩以賜云：「清壇祇謁禮郊丘，輔相賢勞共款留。初訝密雲低覆冒，遽看霽景上飛浮。氣回俎豆羣工泰，喜入貔貅萬馬秋。赫赫天心允昭格，協謀同德賴嘉猷。」案：以下十九條，有詩無話，係原本脱落，今附卷後。

《山寺詩》：「村南村北雨催耕，布穀聲聲不住聽。水入野田分井字，山藏小寺只單丁。傍花飛去禽身白，帶土移栽樹腦青。絶頂虬松高百尺，已經千歲長菟苓。」案：原本下有「久知老夫安庚甲，堪笑官忙縛卯申」二句，與此詩語意不倫，今據文義删去。

《哀扇工歌》：「某州竹扇名字著【二〇】，織扇供官困追捕。使君開府未浹旬，欲戴綸

【二〇】某州　原詩作「黄州」。

案：此詩沈作喆作。作喆字明遠，吴興人，紹興五年進士，有《寓山集》。詩載周煇《清波别志》。又參見《宋詩紀事》卷四四。

巾揮白羽。新模巧製旋翦裁，百中無一中程度。犀革鐫柄出蟲魚，麝煤熏紙生煙霧。戢山老姥羞翰墨，漢宮佳人掩紈素。衙内白取知何名，帳下雄拏不知數。供輸不辦箠楚頻，一朝赴水將誰訴？使君崇重耳不聞【二一】，嗚呼何以慰黎庶！聞道園家賣菜翁，又説江頭打漁户【二二】。號令亟下須所無，官不與錢期限遽。歸來痛哭辭妻兒，宿昔投繯掛枯樹。一雙婉婉良家子，吏兵奪取名爲顧。弟兄號叫鄰里驚，兩家吞聲喪其嫗。死者已矣可奈何，冤魂成羣相號呼。殺人縱慾勢位尊，貪殘無道天所怒。邦人蓄憤不敢言，君其拊馬章臺路。」案：周煇《清波别志》載此詩，作無名氏《哀扇工歌》，首句「某州」作「黄州」。陳振孫《書録解題》載沈作喆以《悲扇工》詩忤魏良臣，疑即作喆之詩。煇、密均偶未攷《寓山集》也。

《次張斗南韻》云：「路穿厓曲幾回環，天地爲鑪不掩關。守分固于貧亦樂，任緣或以倦知還。門前認取朝宗水，屋上元非捷徑山。若欲結茅相共住，雲根可著兩三間。」案：此詩原本失載姓名。

葉正則《題孫季蕃詩》云：「子美、太白常住世，佳人栩栩夢魂通。瀉落天河澆汝舌，移來不周盪爾胸。千家錦機一手織，萬古戰場兩峯直。孰南孰雅喚莫前，虛簫浪管生寒煙。」

劉潛夫使廣日，經過惠州六如亭，有詩云：「吴兒解記真娘墓，杭俗猶存蘇小墳。誰與惠州耆舊記，可無抔土覆朝雲【二三】？」于是郡守與之修墓立碑。又題云【二四】：「昔人

【二一】使君崇重耳不聞　「耳」原詩作「了」。

【二二】又説江頭打漁户　「江」原作「將」，據原詩改。

【二三】可無抔土覆朝雲　「抔」原作「坏」，徑改。

【二四】又題云　「又」原作「文」，據盧校本改。

喜説墜樓姬，前輩尤高斷臂妃。肯伴主翁來過嶺，不妨扶起六如碑。」

天竺道間詩云：「西山多雨長灘聲，更愛春禽百樣鳴。石罅暖煙飛不起，日高鞭影未分明。」

七夕詩：「銀河如練月如鉤，照見千家乞巧樓。野老平生事事拙，蒲團又過一年秋。」「銀河清淺界煙霄，欲渡何須烏鵲橋。今我去家千里遠，卻憐牛女會今宵。」案：此詩原本失載姓名。

史達祖清明詩：「一百六朝花雨過，柳梢猶爾病春寒。晉官今日炊煙斷，併著新晴看牡丹。」「宫燭分煙眩曉霞，驚心知又度年華。榆羹杏粥誰能辦？自採庭前薺菜花。」

鄭如幾維心亦霅人，與葉少藴唱和，有「看朱成碧醉中眼，施粉太白尊前人」之句。案：此條前當別論霅人，故此云「亦霅人」，傳寫佚脱。

林曾《溪上謡》云：「溪翁兒女枕溪住，時把鈎竿倚芳樹。沈吟獨坐忽傷心，鈎得魚來放將去。」

近北客有《題襄漢》詩云：「襄漢雲屯十萬兵，習池酩酊不曾醒。紛紛誤晉皆渠輩，不特王家一寧馨。」

范至能嘲蚊語云：「沈酣尻益高，飽暖腹漸急。晶晶紫蟹眼，滴滴紅飯粒。」

李龏《賦青城山陷詩》云：「蜀道天收碧落鍾，六丁移路鑿蠶叢。飛山夜挾風雷没，愁殺江南鬼五通。」

林曾《泗州》詩：「魚頭紅結鱿，土面白生硝。」

王予可《賦淩霄詩》云：「啼鳥倒銜金羽舞，驚蛇斜傍玉簾飛。」

題靈隱寺詩云：「遊山無處浣塵埃，出郭尋幽入翠苔。衆水盡從雙澗去，一峯元自五天來。行春人散題名在，坐夏僧閒聽講回。清磬一聲猿鳥寂，石楠花落滿經臺。」

放翁理詩云：「萬物元須一理通，長生極治本同功。廣成千歲無他術，祇在唐虞二典中。」

涪翁愛竹詩云：「野次小崢嶸，幽篁相倚綠【二五】。牧童三尺箠，御此老觳觫。石吾甚愛之【二六】，無使牛礪角。牛礪角尚可，牛鬬殘我竹。」

「桃紅淨，山雨乾，褐翅鬼蛾粘石闌。厓根薜荔絡陰土，春草自綠麒麟寒。」「時思堂前滿牀笏，牛眠岡頭空白骨。急呼斗酒澆淚痕，頭上飛光出還沒。」案：此詩失載姓名，併佚原題。

【二五】幽篁相倚綠　「倚」原作「衣」，據黃庭堅《題竹石牧牛》詩（《山谷詩集注》卷九）改。

【二六】石吾甚愛之　「石」原作「竹」，據黃庭堅《題竹石牧牛》詩改。

樂天有《感石上舊字詩》云：「太湖石上鐫三字，十五年前陳結之。」蓋其妾桃葉也。自昔未有以家妓字鐫石者。

卷下

劉過改之嘗遊富沙，與友人吴仲平飲于吴所歡吴盼兒家，嘗賦詞贈之，所謂「雲一窩，玉一梭，淡淡衫兒薄薄羅，輕顰雙黛蛾【一】」，盼遂屬意改之。吴憤甚，挾刃刺之，誤傷其妓，遂悉繫有司。時吴居父爲帥，改之以啓上之云：「韓擒虎在門，顧麗華而難戀；陶朱公有意，與西子以偕來。」居父遂釋之。然自是不復合矣。改之有「春風重到憑闌處，腸斷粧樓不忍登」，蓋爲此耳。

楊韻除夕詞《一枝春》云：「竹爆驚春，競喧闐、夜起千門簫鼓。流蘇帳掩，翠鼎暖騰香霧。停杯未舉，奈剛要、送年新句。應自有、歌字清圓，未誇上林鶯語。從他歲窮日暮，縱閒愁、怎減劉郎風度。屠蘇辦了，迤邐柳欺梅妬【二】。宫壺未曉，早驕馬、繡車盈路。還又把、月夕花朝，自今細數。」又羅希聲、孫化翁所書《除夕》一詞云：「小童教寫桃符，道人還了常年例。神前竈下，祓除清淨，獻花酌水。禱告些兒，也都不是，求名求利。但吟詩寫字，分數上面，略精進，儘足矣。飲量添教不醉，好時節、逢場作戲。驅儺爆

校勘記

【一】所謂雲一窩……輕顰雙黛蛾　案：此詞南宋曾慥所編《樂府雅詞》收入《拾遺》上，以爲孫肖之所作。又，宋佚名輯《南唐二主詞》（陳振孫《直齋書録解題》著録爲一卷）收此詞，歸于李煜名下，調作《長相思》，題下注曰：「曾端伯集雅詞以爲孫霄之作，非也。」又「窩」字《長相思》作「緺」，「蛾」字作「螺」。

【二】柳欺梅妬　「欺」原作「忺」，據周密編《絶妙好詞》卷三所載改。

竹，軟餳酥豆，通宵不睡。四海皆兄弟，阿鵲也、同添一歲。願家家户户，和和順順，樂昇平世。」此集中所無也。

雲窗張樞字斗南【三】，又號寄閒，忠烈循王五世孫也。筆墨蕭爽，人物醖藉，善音律，嘗度《依聲集》百闋，音韻諧美，真承平佳公子也。予已選六闋于《絶妙詞》，今別見于此。《戀繡衾》云：「屏綃裛潤惹篆煙，小窗閒、人泥晝眠。正雪暖荼蘼架，奈愁春、塵鎖雁絃。楊花做了香雪夢，化池萍、猶泛翠鈿。自不怨東風老，怨東風、輕信杜鵑。」《清平樂》云：「鳳樓人獨，飛盡羅心燭。夢繞屏山三十六，依約水西雲北。　曉奩懶試脂鉛，一緺鸞髻微偏。留得宿粧眉在，要教知道孤眠。」又《木蘭花慢》云：案：「花慢」二字原本脱，今據詞譜增入。「歌塵凝燕壘，又軟語，在雕梁。記剪燭調絃，翻香校譜，學品《伊》、《涼》。屏山夢雲正暖，放東風、捲雨入巫陽。金冷紅絛孔雀，翠閑綵結鴛鴦。　銀釭燄冷小蘭房，夜悄怯更長。待採葉題詩，含情贈遠，煙水茫茫。春妍尚如舊否？料啼痕、暗裛浥紅粧。須覓流鶯寄語，爲誰老卻劉郎？」

「謝了梅花恨不禁，小樓羞獨倚，暮雲平。夕陽微放柳梢明，東風冷，眉岫翠寒生。　無限遠山青，重重遮不斷，舊離情。傷春還上去年心，怎禁得、時節又燒燈！」此周容子寬《小重山》，子寬，四明人。

秋厓李萊老與其兄篔房競爽，號龜溪二隱。予已刊十二闋于《絶妙選》矣。今復別

【三】雲窗　原作「窗雲」，徑改。案：張樞字斗南，一字雲窗，張俊之後。其子炎爲宋末著名詞家。

見《倦尋芳》云：「繚牆粘蘚，糝徑飛梅，春緒無賴。繡壓垂簾，骨有許多寒在。寶幄香銷龍麝餅，鈿車塵冷鴛鴦帶。想西園、被一程風雨，羣芳都礙。　逗曉色，鶯啼人起，倦倚銀屏，愁沁眉黛。待拚千金，卻恨好晴難買。翠苑歡游孤解珮，青門佳約妨挑菜。柳初黃，罩池塘，萬絲愁藹。」《點絳唇》云：「緑染春波，袖羅金縷雙鸂鶒。小桃勻碧，香襯蟬雲濕。　舞帶歌鈿，閒傍秋千立。情何極！燕鶯塵迹，芳草斜陽笛。」《西江月》賦海棠云：「緑凝曉雲苒苒【四】，紅酣晴霧冥冥。銀篸懸燭錦官城，困倚牆頭半影。　雨後偏饒豔冶，燕來同作清明。更深猶喚玉靴笙，不管西池露冷。」案：「玉靴笙」三字，未詳其義，疑有誤。

貧房李彭老，詞筆妙一世，予已擇十二闋入《絶妙詞》矣，兹不重見。外可筆者甚多，今復摭數首于此。《惜紅衣》云：「水西雲北，記前回同載，高陽伴侶。一色荷花香十里，偷把秋期頻數。脆管排雲，輕橈噴雪，不信催詩雨。碧筒呼酒，秀牋題遍新句。　誰念病損文園，歲華摇落，事與孤鴻去。露井邀涼吹短髮，夢入蘋洲菱浦。暗草飛螢，喬枝翻鵲，看月山中住。一聲清唱，醉鄉知有仙路。」送客《木蘭花慢》云：「折秦淮露柳，帶明月，倚歸船。看佩玉紉蘭，囊詩貯錦，江滿吴天。吟邊，唤回夢蝶，想故山薇長已多年。草得梅花賦了，櫂歌遠和離舷。　風絃，盡入吟篇，傷倦客，對秋蓮。過舊經行處，漁鄉水驛，一路聞蟬。留連，漫聽燕語，便江湖夜雨隔燈前。潮返潯陽暗水，鴈來好寄瑶牋。」

【四】緑凝曉雲苒苒　「凝」《彊村叢書》本《龜溪二隱詞》作「染」，于義爲勝。

《祝英臺近》云：案：「祝」字原本脱，今據詞譜增入。「載輕寒，低鳴櫓，十里杏花雨。露草迷煙，縈緑過前浦。青青陌上垂楊，綰絲摇珮，漸遮斷、舊曾吟處。聽鶯語，吹笙人遠天長，誰翻水西譜？淺黛凝愁，遠岫帶眉嫵。畫闌閒倚多時，不成春醉，趁幾點、白鷗歸去。」《清平樂》云：「合歡扇子，撲蝶花陰裏。半醉海棠扶半起，淡日秋千閒倚。寶箏彈向誰聽？一春能幾番晴？帳底柳綿吹滿，不教好夢分明。」《章臺月》云：「露輕風細，中庭夜色涼如水。荷香柳影成秋意，螢冷無光，涼入樹聲碎。玉簫金縷西樓醉，長吟短舞花陰地，素娥應笑人憔悴。漏歇簾空，低照半床睡。」又《青玉案》云：「楚峰十二陽臺路，算只有、飛紅去。玉合香囊曾暗度，榴裙翻酒，杏簾吹粉，不識愁來處。燕忙鶯懶青春暮，蕙帶空留斷腸句。草色天涯情幾許？荼蘼開盡，舊家池館，門掩風和雨。」又張直夫嘗爲詞敘云：「靡麗不失爲國風之正，閑雅不失爲騷雅之賦，摹擬《玉臺》不失爲齊梁之工，則情爲性用，未聞爲道之累。」樓茂叔亦云：「裙裾之樂，何待晚悟？筆墨勸淫，咎將誰執？或者假正大之説而掩其不能，其罪我必焉。雖然，與知我等耳。」

「三十年前，愛買劍、買書買畫。凡幾度、詩壇爭敵，酒兵爭霸。春色秋光如可買，錢慳也不曾論價。任粗豪、爭肯放頭低、諸公下。今老大，空嗟訝。思往事，還驚詫。是和非未説，此心先怕。萬事全將飛雪看，一閒且問蒼天借。樂餘齡，泉石在膏肓，吾非詐。」此西里趙希邁《滿江紅》也。

清源張涅所賦《祝英臺近》云：「一番風，連夜雨，收拾做春暮。黯冷香銷，鶯燕慘無語。曉來緑水橋邊，青門陌上，不忍見、落紅無數。　怎分付，獨倚紅藥欄邊，傷春甚情緒！若取留春，欲去去何處？也知春亦多情，依依欲住。子規道、不如歸去。」

楊纘字嗣翁，號守齋，又稱紫霞，本鄱陽洪氏，恭聖太后姪楊石之子麟孫早夭，遂祝爲嗣。時數歲，往謝史衛王，王戲命對云：「小官人當上小學。」即答云：「大丞相已立大功。」衛王大驚喜，以爲遠器。公廉介自將，一時貴戚無不敬憚，氣習爲之一變。洞曉律吕，嘗自製琴曲二百操。又常云：「琴一絃可以盡曲中諸調。」當廣樂合奏，一字之誤，公必顧之，故國工樂師無不嘆服，以爲近世知音無出其右者。仕至司農卿、浙東帥，以女選進淑妃，贈少師。所度曲多自製譜，後皆散失，今書一闋于此，《被花惱》云：「疎疎宿雨釀寒輕，簾幃靜垂清曉。寶鴨微温瑞煙少。簷聲不動，春禽對語，夢怯頻驚覺。攲珀枕，倚銀屏，半窗花影明東照。　惆悵夜來風生，怕飛香濕瑶草。被衣便起，小徑曲廊，處處都行到。正蜂癡蝶駭戀芳妍，怎奈向、平生被花惱。驀忽地、省得而今雙鬢老。」

徐愛山堪舉二闋，亦佳。《小重山》云：「鼓報黄昏禽影歇，單衣猶未試，覺寒怯。塵生錦瑟可曾閲？人去也，閒過好時節。　對景復愁絶，東風吹不散，鬢邊雪。些兒心事對誰説？眠不得，一枕杏花月。」《謁金門》云：「休只坐，也去看花則箇。明日滿庭紅欲墮，花還愁似我。　索性癡眠一和。憑箇夢兒好做。杜宇不知春已過，枝頭聲越大。」亦不知爲何人作也。

《謁金門》云：「人病酒，生怕日高催繡。昨夜新翻花樣瘦，旋描雙蝶湊。　慵凭繡床呵手，卻説新愁還又。門外東風吹綻柳，海棠花厮勾。」《踏莎行》云：「照眼菱花，剪情菰葉，夢雲吹散無蹤跡。聽郎言語識郎心，當時一點誰消得。　柳暗花明，螢飛月黑，臨窗滴淚研殘墨。合歡帶上舊題詩，如今化作相思碧。」此二詞並見趙聞禮《約月集》，然集中大半皆樓君亮、施仲山所作，安知非他人者？

翁元龍字時可，號處靜，與吴君特爲親伯仲，作詞各有所長，世多知君特，而知時可者甚少。予嘗得一編，類多佳語，已刊于集矣。今復摭數小闋于此。《江城子》云：「一年簫鼓又疎鍾。愛東風，恨東風，吹落燈花，移在杏梢紅。玉靨翠鈿無半點，空濕透，繡羅弓。　燕魂鶯夢漸惺鬆。月簾櫳，影迷濛，催趁年華，都在艷歌中。明日柳邊春意思，便不與、夜來同。」立春《西江月》云：「畫閣换粘春帖，寶箏抛學銀鉤。東風輕滑玉釵流，織就燕紋鶯繡。　隔帳燈花微笑，倚窗雲葉低收。雙鴛刺罷底尖頭，剔雪閒尋荳蔻。」賦茉莉《朝中措》云：「花情偏與夜相投。心事鬢邊羞。薰醒半床涼夢，能消幾箇開頭？　風輪慢卷，冰壺低架，香霧飀飀。更著月華相惱，木犀淡了中秋。」巧夕《鵲橋仙》云：「天長地久，風流雲散，惟有離情無算。從分金鏡不曾圓，到此夜，年年一半。　輕羅暗網，蛛絲得意，多似粧樓針線。曉看玉砌淡無痕，但吹落、梧桐幾片！」又如「拗蓮牽藕線，藕斷絲難斷」，「彈水没鴛鴦，教尋波底香」，真《花間》語也。

宋謝太后北覲，有王夫人題一詞于汴京夷山驛中，云：「太液芙蓉，渾不似、舊時顔色。曾記得、春風雨露，玉樓金闕。名播蘭馨妃后裏，暈潮蓮臉君王側。忽一聲、鼙鼓揭天來，繁華歇。　龍虎散，風雲滅。千古恨，憑誰説！對山河百二，淚盈襟血！客館夜驚塵土夢，宫車曉碾關山月。問姮娥、于我肯從容，同圓缺？」文宋瑞丞相和云：「燕子樓中，又捱過、幾番秋色！相思處，青春如夢，乘鸞仙闕。肌玉暗銷衣帶緩，淚珠斜透花鈿側。最無端、蕉影上窗紗，青燈歇。　曲池合，高臺滅。人間事，何堪説！向南陽阡上，滿襟清血【五】。世態便如翻覆手，妾身元是分明月。笑樂昌、一段好風流，菱花缺。」又《代王夫人再用韻》云：「試問琵琶，胡沙外，怎生風色？最苦是，姚黄一朵，移根丹闕。王母歡闌瑶宴罷，仙人淚滿金盤側。聽行宫、半夜雨淋鈴，聲聲歇。　綵雲散，香塵滅。銅駝恨，那堪説！想男兒慷慨，嚼穿齦血。回首昭陽辭落日，傷心銅雀迎新月。算妾身、不願似天家，金甌缺。」鄧光薦和云：「王母仙桃，親曾醉、九重春色。誰信道、鹿銜花去，浪翻鼇闕。眉鎖姮娥山宛轉，髻梳墜馬雲欹側。恨風沙、吹透漢宫衣，餘香歇。　霓裳散，庭花滅。昭陽燕，應難説。想春深銅雀，夢殘啼血。空有琵琶傳出塞，更無環佩鳴歸月。又爭知、有客夜悲歌，壺敲缺！」

「御風來，翠鄉深處，連天雲錦平遠。卧遊已動蓬舟興，那在芙蓉城畔？巾懶岸，任

【五】滿襟清血　「清」四庫本作「漬」。

壓頂嵯峨，滿鬢絲零亂。飛吟水殿，載十丈青青，隨波弄粉，菰雨淚如霰。斜陽外，也有仙粧半面，無言應對花怨。西湖千頃腥塵暗，更憶鑑湖一片。何日見？試折藕、占絲絲與腸俱斷。遐征漸倦。當潁尾湖頭，緑波彩筆，相伴老坡健。」此劉瀾養源遊天台【六】、雁蕩、東湖所賦《買陂塘》詞，絶筆也，哀哉！

薛梯飈長短句，予嘗收數闋于《絶妙詞》，今復得其《醉落魄》云：「單衣乍著，滯寒更傍東風作。珠簾壓定銀鉤索，雨弄初晴，輕旋玉塵落。花唇巧借粧梅約，嬌羞纔放三分萼。樽前不用多評泊。春淺春深，都向杏梢覺。」

章牧之謙亨嘗爲浙東憲，風采爲一時所稱，然醖藉滑稽。嘗賦守歲小詞云：「團欒小酌醺醺醉，厮捱著、没人肯睡。呼盧直到五更頭，便鋪了粧臺梳洗。庭前鼓吹喧人耳，驀忽地、又添一歲。休嫌不足少年時，有多少【七】、老如我底？」

金貞祐中，太原已受兵，人情洶洶，忽有書一詞于府治宣詔亭壁間，云：「并州霜早，禾黍離離成腐草。馬困人疲，惟有郊原雀鼠肥。分明有路，好逐衡陽征雁去。鼓角聲中，全晉山河一半空。」蓋鬼詞也。

淳祐間，丹陽太守重修多景樓，高宴落成，一時席上皆湖海名流。酒餘，主人命妓持紅牋徵諸客詞。秋田李演廣翁詞先成，衆人驚賞，爲之閣筆。其詞云：「笛叫東風起，弄尊前、楊花小扇，燕毛初紫。萬點淮峯孤角外，驚下斜陽似綺。又婉娩、一番春意。歌舞

【六】劉瀾養源　「瀾」原作「闌」，「源」原作「原」。案：劉瀾字養源，號江村，天臺人，嘗爲道士，還俗，干謁無成，景炎元年（一二七六）卒。劉克莊有《跋劉瀾詩集》、《跋劉瀾樂府》（《後村大全集》卷一〇九）。

【七】有多少　原作「有幾多少」，「幾」字衍。案：此詞調寄《步蟾宫》，末句七字，前三字一頓，若作四字則不合詞律，故删。

相繆愁自猛，捲長波，一洗空人世。間熱我，醉時耳。　緑蕪冷葉瓜洲市，最憐予、洞簫聲盡，闌干獨倚。落落東南牆一角，誰護山河萬里？問人在、玉關歸未？老矣青山燈火客，撫佳期、漫灑新亭淚。歌哽咽，事如水。」

古詞有《元夕望遠行》：「又還到元宵臺榭，記輕衫短帽，酒朋詩社。爛漫向、羅綺叢中，馳騁風流俊雅。轉頭是、三十年話。　量減才慳，自覺是、歡情衰謝。但一點難忘，酒痕香帕。如今雪鬢霜髭，嬉遊不忺深夜。怕相逢、風前月下。」翁賓暘謂是孫季蕃詞，然集中無之。

翁孟寅賓暘嘗遊維揚，時賈師憲開淮閫【八】，甚前席之。其歸，又置酒以餞，賓暘即席賦《摸魚兒》云：「捲西風，方肥塞草，帶鈎何事東去？月明萬里關河夢，吴楚幾番風雨！江上路，二十載，頭顱凋落今如許！涼生弄麈。歎江左夷吾、隆中諸葛，談笑已塵土。　寒汀外，還見來時鷗鷺，重來應是春暮。輕裘峴首陪登眺，馬上落花飛絮。拚醉舞，誰解道、斷腸賀老江南句？沙津少駐。舉目送飛鴻，幅巾老子，樓上正凝佇。」師憲大喜，舉席間飲器凡數十萬，悉以贈之。

宣和中，李師師以能歌舞稱。時周邦彦爲太學生，每遊其家。一夕，值祐陵臨幸，倉卒隱去，既而賦小詞，所謂「并刀如水，吴鹽勝雪」者，蓋紀此夕事也。未幾，李被宣喚，遂歌于上前。問誰所爲，則以邦彦對，于是遂與解褐，自此通顯。既而朝廷賜酺，師師又歌

【八】時賈師憲開淮閫　「淮」原作「帷」，誤。案：賈似道字師憲，理宗淳祐十年（一二五〇）出任兩淮制置大使，兼淮東安撫使，知揚州，後又兼淮南西路安撫使，直至寶祐六年（一二五八）。「開淮閫」即指此。

《大酺》、《六醜》二解，上顧教坊使袁裪，問裪，曰：「此起居舍人、新知潞州周邦彦作也。」問《六醜》之義，莫能對，急召邦彦問之，對曰：「此犯六調，皆聲之美者，然絶難歌。昔高陽氏有子六人，才而醜，故以比之。」上喜，意將留行，且以近者祥瑞沓至，將使播之樂府，命蔡元長微叩之，邦彦云：「某老矣，頗悔少作。」會起居郎張果與之不咸，廉知邦彦嘗于親王席上作小詞贈舞鬟云：「歌席上，無賴是橫波。寶髻玲瓏欹玉燕，繡巾柔膩掩香羅。何況會婆娑。　無箇事，因甚斂雙蛾？淺淡梳粧疑是畫，惺鬆言語勝聞歌。好處是情多。」爲蔡道其事，上知之，由是得罪。師師後入中，封瀛國夫人。朱希真有詩云：「解唱陽關別調聲，前朝惟有李夫人。」即其人也。

何籀作《宴清都》，有「天遠，山遠，水遠，人遠」之語，一時號爲「何四遠」。然前是宋景文出知壽春，過維揚，賦《浪淘沙近》留別劉原父，云：「少年不管。流光如箭。因循不覺韶光換。至如今，始惜月滿、花滿、酒滿。　扁舟欲解垂楊岸。尚同歡宴。日斜歌闋將分散。倚闌橈【九】，望水遠、天遠、人遠【一〇】。」籀蓋用此也。

王渫有別詞云【一一】：「玉東西，歌宛轉，未做苦離調。著上征衫，字字是愁抱。月寒鬢影刁蕭，柁樓開纜，記柳暗、乳鴉啼曉。　短亭草。還是緑與春歸，羅屏夢空好。燕語難憑，憔悴未渠了。可能妬柳羞花，起來渾懶，便瘦也，教春知道。」嘗得題壁《生查子》云：「愁盈鏡裏山，心疊琴中恨。露濕玉欄秋，香伴銀屏冷。　雲歸月正圓，雁到人無

【九】倚闌橈　「橈」原作「遶」，據吴曾《能改齋漫録》卷一七《樂府》引此詞改。

【一〇】望水遠天遠人遠　原作「望天遠水遠人遠」，據《能改齋漫録》改。

【一一】王渫有別詞云　「渫」原作「藻」。案：《全宋詞》收録此詞作王渫作。王渫字身甫，號瓦全，乾道二年（一一六六）生，寧海人，一説四明人，紹熙元年（一一九〇）進士，國子博士，通判平江府，事見《嘉定赤城志》卷三二。

信。孤損鳳凰釵，立盡梧桐影。」蓋魏子敬之詞也。

汪彦章舟行汴河，見傍岸畫舫有映簾而窺者，止見其額，賦詞云：「小舟簾隙，佳人半露梅粧額【一二】。綠雲低映花如刻。恰似秋宵，一半銀蟾白。」蓋以月喻額也。辛幼安嘗有句云：「聞道綺陌東頭，行人曾見、簾底纖纖月。」則以月喻足，無乃太媟乎？

周美成長短句純用唐人詩句，如「低鬟蟬影動」、「私語口脂香」，此乃元、白全句。賀方回嘗言：「吾筆端驅使李商隱、温庭筠，常奔走不暇。」則亦可謂能事矣。

【一二】佳人半露梅粧額　「佳」原作「家」，據四庫本改。

⊙周　密　撰

志雅堂雜鈔

黄寶華　整理

點校説明

《志雅堂雜鈔》，周密撰。周密生平已見《齊東野語》點校説明。志雅堂本爲其父周晉藏書室之名（見《齊東野語》卷一二），周密取以爲書名，實有紀念先父之意。是書有二百五十餘條，所涉内容博雜，歸爲圖畫碑帖、諸玩、寶器、人事、醫藥、陰陽算術、仙佛、書史八類。前三類内容幾佔全書篇幅的一半，其中部分條目繫以年月日期，始自元世祖至元十九年（一二八二），終於元成宗元貞元年（一二九五）。其所著録之書畫器物，與《雲煙過眼録》所載互有出入，詳略各異，或以此書乃初記之稿本云。

諸家著録此書卷數不一，今傳世主要有二卷本及十卷本兩種。二卷本有清嘉慶間余集寫刻本，今收入《四庫全書存目叢書》；又有清道光間所刻《得月簃叢書》和《粤雅堂叢書》本。十卷本則有清道光間木活字排印之《學海類編》本，收録於《集餘四・記述》中，其卷一爲《書史》，卷二至卷四爲《圖畫碑帖》，卷五《諸玩》，卷六《寶器》，卷七《人事》，卷八《醫藥》，卷九《陰陽算術》，卷十《仙佛》，此序列與二卷本有異。此外尚有一卷本兩種：《説郛》節鈔本及十萬卷樓鈔本，後者專載圖畫碑帖部分。又南京圖書館藏有八卷本，原爲丁丙八千卷樓所藏的舊鈔本，類别次第與《學海類編》本同，唯分卷有異。二〇〇〇年遼寧教育出版社出版了鄧子勉的點校本，該本以《粤雅堂叢書》本爲底本。

此次整理，以余集寫刻本爲底本，校以《粤雅堂叢書》本及《學海類編》本。余集本與《粤雅堂叢書》本出入不大。據《粤雅堂叢書》本道光庚戌（一八五〇）伍崇曜跋，該本乃據其亡友黄石溪所藏鈔本釐爲二卷刻成，書前有「至順三年朱方石岩民瞻氏序」，然則此本所據爲元本。余集本前亦有序，署「己巳秋日杭郡余集校刻成因書」，「己巳」爲嘉慶十四年（一八〇九），上距至順三年（一三三二）已有四百七十餘年，然此序與石岩序大同小異，蓋余集沿用舊序而冠以己名而已。點校中也採納了鄧子勉先生的校勘成果，特此致謝。

余序

弁陽翁，濟南人，吴興章文莊公爲其外王父，故占籍吴興；又與楊和王有連，故又爲杭人。所居癸辛街，即楊氏瞰碧園也。詩有《蠟屐集》，鄧牧心爲之序。詞名《蘋洲漁笛譜》，尚有傳本，而《蠟屐集》則久佚，樊榭《宋詩紀事》所採摭皆散見之作，非本集矣。南宋詞人浙東西特盛，翁浸淫乎前輩，商榷乎朋儕，故詞爲專門，而不僅詞也，其著述之富則有《絶妙好詞》、《癸辛雜志》、《武林舊事》、《齊東野語》、《浩然齋視聽抄》、《弁陽客談》、《浩然齋雅談》、《澄懷録》、《雲煙過眼録》、《乾淳起居注》、《乾淳歲時記》、《武林市肆記》、《湖山勝概》若干種，此又其一也。曩朝廷搜輯《永樂大典》，其《浩然齋雅談》已奉詔刊行。頃及門葉舍人復出此本見示，書中分類疏記，略不經意，間有一二條重見於所著别録中，想隨手劄記，不嫌互見矣。翁當宋末，流連於湖山風月之鄉，遺民畸士日接於前，荆棘銅駝適當其會。此雖無當掌故，而南宋風流、錢唐瑣事亦略得其概焉。僕爲杭人，固樂得而資談噱也矣。己巳秋日杭郡余集校刻成，因書。

目録

卷上

圖畫碑帖

王子慶所藏御書，見者十卷。太祖三卷，其一卷侍衛親軍都指揮使党進請給旗號，開寶四年九月。凡樞密院官皆只押字，不僉名。不知渡江後如何，合考。又内前打鼓揀亭長行失去放停公憑，乞別給打登聞院鼓也，御筆「不行」。又江南投來人三名，賜衣服，及過西京撰軍名收管，聖旨點定來。又三司具糧料奏【一】，後有鹽鐵、度支、户部使印。又内前打鼓長郭珣女阿劉稱夫常韜爲楊光美打死【二】，御筆「不行」，階級有法故也。及將校二人令打鼓人二名各行遣，阿劉逐出營。已上共五件。一卷御筆批出遞遷軍頭都虞候指揮使。又宣徽南院使、義成軍節度使曹彬奏牛羊司失去驅羊人，聖旨令收捉，後有宣徽南院使印。一呈發遣差補十將，御筆云：「我曾與你指揮，問定遠都頭有家累無家累，且發遣鐵騎都頭。」一内前打鼓百姓冉興爲人嗾使打鼓，告官家差役不均，御筆「與臀後十七板。」已上共四件。一卷忻州定襄縣開門寨歸朝人進馬【三】，各支賜衣服、絹等有差。又代州界投來四人，各支賜衣服、頭巾、麻鞋、絹等。又偷到契丹馬人，支賜。一差沈繼祖以下

校勘記

【一】又　原作「文」，據學海類編本（以下簡稱「學本」）卷二及《雲煙過眼録》改。

【二】郭珣女　「女」原作「安」，據《雲煙過眼録》改。

【三】歸朝人　「朝」原作「明」，據《雲煙過眼録》改。

勾當車洞開東廟【四】，送監抛搬石等宣頭，御筆「直往發取旨來」。奉聖旨差張令鐸及防禦團練副使、諸徽將軍、諸司副使、衣庫使、弓箭庫使、甲器庫使、八作使、尚食使、市易使、副酒坊使、宫苑使、閑廏使、右飛龍副使、莊宅使、六宅使、副洛使、如京使、染院使，並供奉官處直承旨，御筆點出各人姓名。已上共三件。直宗一卷，封泰山，禁音樂，御批。仁宗御書飛白便面六，板有小璽及年號。英宗舊名宗實，回監押倚禁私出一幅及御書《齒藥方》：「生乾地黄，細辛，白芷，不蛀皂角去黑皮並子，各一兩，同入藏瓶内，用黄泥固劑，用炭火五六斤煅，令炭盡，入白僵蚕一錢【五】，甘草二錢，並爲細末，早晚用揩齒，並治出血、動摇等症。」哲宗便面御書：「掬水月在手，弄花香滿衣。」中有御押五，賜黄門黄洙，元祐四年五月十四日。欽宗圍城内御華詔書蠟彈一方。高宗御書「損齋」二大字並御書《損齋記》，後有左僕射沈該以下聯名並全。又王子慶携至伯時四卷《天馬圖》，絶妙飛動，有王詵親書所和詩。又《山陰圖》，伯時自書自畫。又《孝經》，又《于闐貢獅子圖》，伯時親跋。又有杜郎中者携至伯時着色畫《山居圖》，誤作《輞川圖》，雖好亦是摹本。

江南後主嘗詔徐鉉以所藏古今法帖入石【六】，名《昇元帖》，此則在淳化之前，當爲法帖之祖也。

龔聖予云《禊帖》有大業間石本【七】，其後有隋諸臣銜位。然則在智永未藏之先，此

【四】車洞開東廟　「開」粤雅堂叢書本（以下簡稱「粤本」）作「間」。

【五】白僵蚕一錢　「錢」學本作「分」。

【六】入石　原作「入之石」，據學本删「之」。

【七】禊帖　學本作「禊序」。案：指王羲之《蘭亭集序》。

帖亦嘗入御府。

廖瑩中羣玉號藥洲，邵武人，登科，爲賈師憲平章之客，嘗爲太府丞，知某州，皆以在翹館，不赴。於咸淳間嘗命善工翻刻《淳化閣帖》十卷、《絳帖》二十卷，皆逼真，仍用北紙佳墨模搨，幾與真本並行。又刻《小字帖》十卷，王檽所作《賈氏家廟記》【八】，盧方春所作《秋壑記》、《九歌》。

又刻所藏陳簡齋【九】、姜堯章、任希夷、盧柳南四家遺墨十三卷，皆精妙。先是，賈師憲用婺州碑工王用和翻刻《定武蘭亭》，凡三年而後成，至酬之以勇爵【一〇】，絲髮無遺恨，幾與定武本相亂【一一】。又縮爲小字，刻之靈壁石，號《玉板蘭亭》，所謂「世綵堂小帖」者【一二】。世綵堂，廖氏堂名也【一三】。其石後爲泉州蒲壽庚航海載歸閩中，途次被風墜江中，或謂尚在，特不全耳。

米芾作寶晉齋以藏晉、唐真迹數十軸【一四】，惟絶精者十軸【一五】，其齋扁則隨所至掛之。蜀士劉涇巨濟實與之頡頏，嘗謂：「年祀綿遠，晉代奇迹蓋已略盡，自李唐始爲之著定。」以示貴實不貴名。芾因而非之，嘗遺之詩曰：「唐滿書奩晉不收，都緣自不信雙眸。」蓋因心以達其精鑒之機，其所以警策之者至矣【一六】。

壬寅九月初六日【一七】，因謁費萬户，名拱辰，號北山。莊蓼塘名肅莊，出張萱《彈琴士女》一卷，明昌御題并前後印，元喬仲山物。戴嵩《戲牛圖》一卷，二牛，宣和御題，元雪

【八】王檽　學本作「王茂悦」。

【九】又刻所藏陳簡齋　「所藏」原無，據學本補。「簡齋」下原有「去非」，據學本删。

【一〇】酬之　學本作「賞之」。

【一一】幾與定武本相亂　「本」字原無，據學本補。

【一二】號玉板蘭亭所謂世綵堂小帖者　原作「板於是羣玉蘭亭遂冠諸帖」，據學本改。

【一三】廖氏　原作「蓋其家」，據學本改。

【一四】數十軸　學本作「千軸」。

山物【一八】，後歸季文份宗允【一九】，今歸莊。紙本山水畫一卷，元作范寬，不甚真【二〇】。唐人《戈船二隻》，作一卷，甚精。徐崇嗣《花卉》二軸。《山居圖》一卷，作伯時，絳色，恐非也。

壬辰臘月朔【二一】，楊叔大以右軍帖石本五軸見惠，凡右軍帖皆有之，如《墓田丙舍帖》及《十七帖》之類皆在焉。第前卷與後無摹勒歲月，莫可考，且墨蠟甚新，與右異【二二】。意必穆陵朝禁中刻置内書院壁間者，刊勒皆不甚精，於是卷而還之。

高宗朝手卷，畫前上用乾卦圓印，其下用「希世藏畫」，卷後下用「紹興」印。墨迹無上面卦印，止有「希世」、「紹興」印。徽宗朝墨迹，用雙龍印縫，粉青絹，狹簽頭，用泥金題【二三】。

癸巳二月二十日，至張受益古齋觀山水【二四】。一號李成雖未知果否，然秀潤可喜，山頭似沐【二五】，屋宇人物皆佳，止此軸好。《桃源圖》三幅，號荆浩，兩軸雖古，未佳。黄筌《獨釣圖》，山峰刻峭。李景元古木雀鷯，惠崇山水，艾宣孔雀二，佳。易元吉《獮猴擇蝨》，東坡有題命【二六】。肖嵓長子臨《倦繡圖》，佳。子俊臨《鼓瑟仕女》，不及郭。

三月二日【二七】，訪徐子方，出王駙馬水墨《烟江疊嶂圖》，後有坡翁與王唱和各兩詩，王駙馬用押字收附并印記。此元係劉漢卿郎中物，後有王子約中丞跋。余嘗見于王子約竹山園。又出白玉剛印【二八】，甚方正，其兩邊真字各兩行，細如絲髮，真奇物也。

【一五】惟絶精者十軸　「惟」原作「其」，據學本改。

【一六】其所以警策之者至矣　「其」字原無，據學本補。

【一七】壬寅九月初六日　「寅」原作「辰」，「初」原作「十」，據學本改。

【一八】元雪山物　學本「元」字下空一字，「山」作「白」。

【一九】季文份　「季」學本作「李」。

【二〇】不甚真　學本作「可謂貴」。

【二一】朔　原作「朝」，據學本改。

三月二十八日，至困學齋，觀郝清臣字清甫所留四卷張長史《秋深帖》，上有雙龍印，下有「宣和」印，後上有「政和」印，後下有「宣和」別印。孫過庭草書《千文》，用五色紙書，縫各有「珍」字印【二九】，或謂唐太宗印，或謂宋太祖印【三〇】，中有唐弘文館印。唐摹《蘭亭》絶好。李伯時《陽關圖》，備盡離别悲泣之狀，薛紹彭家物，後有所題詩及書王右丞一詩，及「河東」并「三鳳後人」等印，又有一印云「□及□」，皆不知爲何人印也。林且翁亦有一絶句在後。聞伯幾云：清甫蕭子云《出師頌》真跡絶佳，擬以古物鉤易之，爲王子慶所壞。伯幾又自出索靖章草《月儀》一短卷，下有「希世藏」小璽及「關右永興軍節度使」印，蓋韓氏物。一錦牡丹裹首【三一】，儼如着色畫成，蓋宣和法錦也。近新收中齋所藏獻之《還期帖》，帖已開裝。玉爐一枚，其文雲龍，蓋思陵舊物也，惜乎經火枯燥了【三二】，後歸子方。

四月二十八日，莊肅蓼塘出示周昉《揮扇圖》，高宗御題，元張受益者。張萱《鼓琴士女》，明昌御題，有「明昌」諸印，曾入賈公家。董元《溪山圖》，高宗御題，元王子慶物。董元着色《山居圖》，高宗御題，元是予得之大璫【三三】，後歸許氏者。余作四定與許，許作八定與莊。吴道子《過海天王》，高宗御題。《騎馬》，元喬仲山物。李思訓《巫山神女圖》，明昌御題，榷場物【三四】，曾入秋壑家。以上並手卷。陸晃《捕魚圖》，明昌御題，二漁人全類胡人。關仝山水，人物皆衣紅。郭忠恕《飛閣晴巒》，宮殿四角皆見，上有御題，

【二二】與右異　原無，據學本補。

【二三】粉青絹狹簽頭用泥金題　學本作「用泥金題粉青絹狹小簽頭」。

【二四】張受益古齋　「古」字原無，據學本補。案：張受益號古齋。

【二五】山頭似沐　「沐」原作「之」，據學本改。

【二六】東坡有題命　「命」原作「俞」，據學本改。

【二七】三月　「三」原作「二」，據學本改。

【二八】白玉剛印　「剛印」，原空缺，據學本補。

正與其家所收喬仲山《飛仙故實》一同。李成山水，不甚真。黄筌《紫葵花》，有一雀立花上。又荆浩山水。

癸巳八月十四日，瓜徐以喬仲山求售智永真草《千文》來觀【三五】，絶佳，欲鈔七定，上有徽宗御題，「政和」、「宣和」印。此項郭祐之謂内有「祐」字，係雙勾，此米老所謂臨本也，然亦奇物，不易得者。顔書《馬病帖》，欲鈔五定，有高宗題簽頭，「希世」印在前，亦奇物。李思訓《江山漁樂圖》，無神氣，金章宗題，全似徽宗字，有「明昌御覽」等印，本獨幅畫。

癸巳十一月十一夜，趙小山孟林以四川絹幛一幅來觀，乃高宗大字書《古柏行》，字大五寸，後有「御書之寶」璽，其側有「知達州軍州事趙不棄上進」字。古錦沿池絹夾，欲兩定半。

十一月十三日，善之携彦敬所收趙昌畫折枝卷子來觀，花本八，拆作兩處【三六】，今所存雞冠、木瓜、躑躅、海棠而已。其後有米芾詩及蔡元度、章子厚、林攄、林希、劉原父、駙馬徐兢諸公題名甚多。官印數十，内有太原府尹及中書省【三七】、祕書省、温州、杭州、蘇州觀察使等印甚多。私印有「林希子中祕笈清玩」及「徐兢」一印甚佳，「保大」、「騎省」、「宣和書學博士」及「襄陽漫士」印皆好【三八】。悉用黄絹素書。本楊和王家物也【三九】，有「俠」名印，後有周益公、蕭照鄰等題名【四〇】。

【二九】各有珍字印　「珍」字原空缺，據南京圖書館藏抄本《雲煙過眼録》（過録乾隆己卯丁敬身抄本）補。

【三〇】宋太祖　學本作「宋太宗」。

【三一】裹首　原作「表首」，據學本改。

【三二】枯燥　原作「迫壞」，據學本改。

【三三】大璫　「大」原作「子」，據粤本改。

【三四】榷場物　「物」原無，據《雲煙過眼録》補。

十一月十九日，訪伯幾，張受益在焉。觀李成《晴巒疊嶂》橫卷，不甚好，上有小璽印。王端琴棋人物，徽宗御題，平平。湯子昇《鑄鏡圖》，有李後主親題【四一】，徽宗御題。《琴高故實》，平。盧楞迦《羅漢》，徽宗御題，及有李後主題字花押。董羽《龍》，范寬《雪景》，好。黄筌《飼猫留犢》雙幅【四二】，皆司德用寄售者。又有篦刀一把，其鐵皆細紋花，云此乃用銀片細剪及並鐵片細剪如絲髮，然後團打萬槌，乃成自然之花。其刀背水槽窊處皆上垛，用荊砂碾出【四三】，其刀靶如合色烏木，乃雞舌香木，西域物也。此刀乃大金時水總管所造，上有滲金鐫「水造」二字。一刀所直鈔十定，今無復有此良工也。

二十六日，訪蓼塘，出孫夢卿《松石問禪》一卷，徽宗御題【四四】，上有「天水」印，下有「宣和」印，所畫一僧絶妙，本老游裱背得之提賣籃中者【四五】，其價甚廉。問莊，以二定得之游，恐不止此也。

十二月初三日，又出周昉畫，徽宗御題，向藏張受益處。有張南本《勘書圖》，高宗御題【四六】。有顧閎中畫《明皇擊梧桐圖》，類院畫，却自佳，甚長，本喬氏物。周文矩寫李季蘭真，韓滉畫庶人【四七】，高宗御題，喬氏物。又未背畫葉一册，頭葉御畫，徽宗題，有應夢鍾馗。

甲午三月四日【四八】，楊彦德携盧鴻《草堂十志詩》【四九】，林彦祥臨伯時本，遺《草堂》、《樾館》二詩，所存者八，必盧徽君所賦也。今録於後：

【三五】瓜徐……真草千文來觀　「瓜徐」，清抄本（藏南京圖書館）作「徐子芳」。「來觀」原無，據清抄本補。

【三六】折作兩處　「折」原作「枝」，據學本改。

【三七】府尹　「尹」原作「印」，據學本改。

【三八】保大……襄陽漫士　「保大」下原有「官印」，據學本删。「士」原作「仕」，據學本及粤本改。

【三九】楊和王　學本作「楊和玉」。

【四〇】後有周益公蕭照鄰等題名　原作「後有周益公題」，據學本改。

《冪翠庭》

冪翠庭者，蓋崖巘積陰，林蘿沓翠【五〇】，其上綿冪，其下深湛，可以王神，可以冥道矣。及喧者遊之，則酣讌永日，汨清薄厚。歌曰：「青崖陰，月磵曲，重幽疊邃隱淪躅。草樹綿密翠蒙籠，當其無，亭在中；當其有，冪翠庭。神可谷，道可冥，有幽人【五一】，彈素琴。白玉徽兮綠水音，聽之愔愔澹忘心。」如如野叟林師心書。

《洞玄室》【五二】

洞玄室者，蓋因巖作室，析理談玄，室返自然【五三】，成斯洞矣【五四】。及邪者居之，則假容竊吟，妄作虛誕以盜名【五五】。歌曰：「嵐氣肅兮巖翠冥，室陰虛，户苔匝，披蕙帳，促蘿筵。談空空兮覈玄玄【五六】，蕙帳蘿筵洞玄室，祕而幽，貞且吉，道可廣，人可冥，繹祕思兮草玄經，結幽冥兮存《黄庭》。」江湖散人陳昱書。

《期仙磴》

期仙磴者，蓋危磴穹窿，迴接雲路，靈仙仿佛若可期。及儒者毁所不見則黜之，蓋疑冰之談，信矣。歌曰：「霏微陰壑兮氣騰虹，迤邐懸磴兮上淩空。青霞杪兮紫雲垂，鸞歌

【四一】李後主　「李」原無，據清抄本補。

【四二】飼猫　「飼」原作「時」，據粤本改。

【四三】荆砂　「荆」原作「刑」，據學本改。

【四四】御題　「御」原無，據清抄本補。

【四五】裱背　原作「表背」，據清抄本改。

【四六】御題　「御」原無，據清抄本補。

【四七】庶人　清抄本作「逸人圖」。

鳳舞吹參差。期仙磴，鴻雁迎兮瑶華贈。山中人，好神仙，想像聞此欲飛烟，鑄玉液，還頹年。」家居道士米友仁书。

《滌煩磯》

滌煩磯者，蓋窮谷巉崖，發地盤石【五七】，飛流攢激，清漱成渠，澡性滌煩，實爲幽致，可爲知者説，雖與俗人言。歌曰：「靈磯盤礴兮奔溜參錯，漱冷風兮鎮冥壑。研苔滋，泉珠潔，一飲一憩氛相滅。潾漣清淬滌煩磯，靈仙境兮仁智歸。中有琴，徽以玉，峨峨湯湯彈此曲，寄聲知音同所欲。」　湧泉沼祭酒道士翟耆年書【五八】。

《雲錦淙》

雲錦淙者，蓋激溜攢衝，傾石叢倚，鳴湍疊浪【五九】，噴若風雷，詭暉分麗，焕如雲錦，可以瑩發靈矚，幽玩忘歸。及世士觀之【六〇】，則反曰寒泉傷玉趾矣。歌曰：「水攢衝兮石叢聳，焕若雲錦兮噴洶湧。苔駁犖兮草夤緣，芳羃羃兮水濺濺。石攢叢兮雲錦淙，波連珠兮文杏峯。有潔冥者媚此幽，漱靈泉，樂天休，實獲我心夫何求？」冷雲庵釋慈賢書。

【四八】甲午三月四日　原無，據學本補。

【四九】携　原作「有」，據學本改。

【五〇】沓翠　學本作「疊翠」。

【五一】有幽人　原作「幽有人」，據粵本改。

【五二】洞玄室　「玄」原作「元」，據清抄本改。案：作「元」乃避康熙帝玄燁諱。以下徑改。

【五三】室返自然　「返」原作「反」，據粵本改，學本作「乃」。

【五四】成斯洞矣　「成」原無，據學本補。

《金碧潭》

金碧潭者，蓋水潔石鮮，光涵金碧，岩花林鶯【六一】，有助芳陰，鑒洞靈虚，道斯勝矣。而世士纏乎利害【六二】，則未暇游之。歌曰：「水碧色，石金光，灧熠熠兮瑩煌煌。泉花映，柳陰臨，紅的的兮翠陰陰，紅翠相鮮金碧潭，霜月洞，烟景涵，有幽人兮好冥絶【六三】。炳其輝，凝其潔，悠悠終古長不滅。」無所住净曇書。

《倒景臺》

倒景臺者，蓋太室南麓，天門右崖，傑峯如臺，氣凌倒景。登路有三處可憩，或曰三休臺，可以會馭風之客，皈絶塵之子，超逸興，盪遐襟，此其所絶也。及世人登焉，則魄散神越，目極心傷矣。歌曰：「天門豁，靈臺聳，傑屹崒兮雲澒溶。窮三休兮曠一觀，忽若登昆侖兮期汗漫仙，聳天關，倒景臺，凌顥氣，軼囂埃。皎皎之子兮自獨立，雲可朋，霞可吸，曾何榮辱之可及！」經堂孫焱書。

《枕烟庭》【六四】

枕烟庭者，蓋特峰秀起，意若枕烟，祕庭凝虚，窈如仙會，即揚雄所謂「爰靜神游之

【五五】虚誕　原作「虚境」，據粤本改。

【五六】談空空　原作「淡陰陰」，據粤本改。

【五七】發地　原無，據清抄本及《雲煙過眼録》補。

【五八】湧泉沼　「沼」原作「治」，據學本改。

【五九】疊浪　「浪」原作「躍」，據學本改。

【六〇】世士　「士」原無，據學本補。

【六一】岩花林鶯　「花」粤本作「葩」，「鶯」學本作「鳥」。又學本此句下多「語笑留人焉」。

庭」是也【六五】，可以超絶世紛，永潔精神矣。及機士登焉，則寥閴爣怳，愁懷情累矣。歌曰：「臨泱漭【六六】，背青熒，吐雲煙兮含窈冥。恍欻翕，杳幽靄，意縹緲兮羣仙會，窈冥仙會枕烟庭，竦魂形，凝視聽。聞夫至誠必感兮祈此巔，契灝氣，養丹田，終彷彿兮覿靈仙。」隱岳道人石昭問書。按：《草堂十志》僅見書畫志録中，鴻詩此外亦更無一首流傳。文徵明有寫本。今《全唐詩》亦載此十詩，皆與此句字互異。不知何者爲真本也。

先子所著《畫史》中載【六七】：劉子禮以五百千錢置錢氏畫五百軸，初未發緘銓美惡也，既得之後，其間有《盧鴻草堂圖》一卷，已是數百年物矣。頃李伯時曾臨一本，仍自書歌一篇，次則秦少游、朱伯原、先子書也，又其次陳碧虛、仲殊師、參寥子輩繼之，餘亦一時聞人。紹興己未仲春，余舟過蘇臺，石瑩中爲長洲令，得宇文季蒙所藏伯時本，屬林彦祥爲摹，乃亦首自書其篇。瑩中輒俾余書先子所書一篇，餘悉欲得一時名士繼之，歎其雅尚不凡，因又跋於尾。是月二十七日，米友仁元暉。

《玄居十志》者，草堂以脩身蓄德之府也，樾館以延賓閲禮之用也，玄室以談道衆妙之宗也，翠庭以棲閒谷神之致也，期仙以虚湛傲睨之適也，滌煩以澡性潔己之謂也，錦淙以沃志日新其德也，碧潭以端形鏡清其色也，倒景熙熙春臺之樂也，枕烟渺渺仙山之興也。十者蓋天地之成數，志者即紀述之總名。玄居子道心惟微，幽賞亦異，可謂隱淪之奇絶，今昔所未聞，故備書，貽諸好事君子也。

【六二】世士　原作「世生」，據清抄本及《雲煙過眼録》改。

【六三】有幽人　原作「幽有人」，據粵本改。

【六四】枕烟庭　「枕」原作「挑」，據粵本改。下同。

【六五】爰静神游之庭　學本作「敻淨游神之庭」。

【六六】臨泱漭　「臨」原作「聽」，據清抄本及《雲煙過眼録》改。

【六七】先子所著畫史中載　「所著」及「中」原無，據學本補。

甘泉、建章空草莽，甲第紛紛誰復數？ 嵩岳徵君一草堂，却有畫圖傳萬古。 岩巒奧勝帶烟霞，曠望幽盤何處所？ 微茫短幅幾臨摹，便覺市朝如糞土。 輞川別業王維畫，君陽山記希聲叙。 胡將冰雪汙塵囂，規模雖勝非吾侶。 李泰伯【六八】。

盧鴻《草堂十志》，今所存者八，而遺其《草堂》、《樾館》二紙。 據小米所云，林彥祥臨伯時畫而自書其首，則夫二紙者亡之久矣【六九】。 書手意趣有神游八極氣象，歌語亦清峭凌厲，如酌沆瀣而挹浮丘者。 若使親接盧處士風度，應不減識元魯山也。

余友毛復父小築林塘，自拔流俗，娱侍次對丙峰先生【七〇】，日徜徉於其間，天下至樂無以逾此，而篋笥所珍亦奇古，試屬斯卷，特似錚錚者耳【七一】。 往輩標矩，藐不可見，慨想刻舟之痕，以求干將、青萍之劒，得無爲癡鬼笑乎？ 紹定辛卯，復父官左帑且一歲矣，丙峰先生讀書之眼、登山之脚尚如少時，八十六翁見其子駸駸有位於朝，但恐林慚澗愧，草堂勒移，預爲君慮。 正月十六日汝陽被褐公徐逸。

王子慶於毘陵得伯時畫《草堂十志》，即元暉跋中所言者，與林彥祥所臨本多不同，人物甚大，前有「奉華堂」大小印【七二】，向曾收入劉娘子位者，後有「閉關頌酒之裔」一印。 此雖用劉伯倫事，然於婦人恐不類耳。 今録其書人姓名於後：

冪翠庭，龍眠山人李伯時書。 洞玄室，高郵秦觀書。 草堂，樂圃居士朱長文書。 樾館，吴郡周沔書。內缺「永」字。 期仙磴，襄陽漫士米芾書。 滌煩磯，碧虛子陳景元

【六八】李泰伯　學本作「李參元」，清抄本作「李參玄」。

【六九】夫二紙　「夫」原作「云」，據粤本改。

【七〇】娱侍次對　原作「娱親養志」，據學本改。

【七一】特似錚錚者耳　「特」原作「時」，據學本及粤本改。

【七二】奉華堂　「堂」原無，據學本補。

書。雲錦淙，太平閒人仲殊書。金碧潭，參寥子道潛書。倒景臺，靜常居士曹輔書。枕烟庭，縉雲胡份書。又有「瑞文」圖書。甲午三月四日携來。

甲午五月三日，訪張受益，出示易元吉畫豬手卷，秦氏物，前有「尚書儀衛使」官印，上題「潭州散吏易元吉作」，甚佳。又高宗御題袁嶬《游魚》，後有「封」字半印。徽宗所摹李昭道《摘瓜圖》吊軸，同是陳月觀物。及邊鸞《葵花》，花心數蜂如活，向是楊駙馬物，後爲尤曾五所得，今歸張【七三】。

胡存齋向有范長壽畫《西域圖》，三丈餘長，徽宗題。又有展子虔《春游圖》，亦徽宗題簽，一片上凡十餘人物，後皆送與張子有。

司德用有山水一幅甚古，上有五小字云：「後涼徐麟筆。」畫史中未聞其名，然以余觀之，後涼者吕光之號，蓋因前有張軌亦稱涼，故以光爲後涼云。當時未必自稱後涼也，如前後漢、前後唐之類。今乃於當時自題爲「後涼」，殊可疑云。甲午九月十一日觀于困學齋。

莊蓼塘新收司德用兩卷，内一楊光庭畫觀音像，徽宗御題，有「宣和」、「政和」印，又有「廣運」及「大定」印，蓋未入明昌之前，曾入宣和御府也【七四】。單幅横軸，觀音正面坐石上，下臨海岸，有龍女朝禮及一小龍於旁。王詵《長江遠岫》，著色山水，前一帶遠山可喜，後有青緑重山屋宇甚精，中題杜詩「門泊東吴萬里船」詩四句，用「清白傳家」印，甚

【七三】甲午五月三日……今歸張 此條原無，據清抄本補。

【七四】曾入宣和御府也 此句原無，據清抄本補。

俗。或謂前題并詩並蔡京書，恐不然。後有北方一二跋，却有北方數官印：「山東路轉運使」印，「安平府」印，又有「定安軍」印。然揆之予所藏董元著色《山居圖》，則大霄壤矣。甲午九月十二日【七五】。

徐子方所收晉卿《烟江疊嶂圖》，後有「元祐戊辰作」及王駙馬花字。李士宏所收王詵《楚江清曉圖》曾入德壽宮，有「萬壽無疆」印，高宗「御府收附」印，略嘗於畫卷見，然未有此印也。

十二月十四日過泉月家，王芝取至畫【七六】，内有易元吉《猴》一軸，易元吉《羣獐》手卷。李成山水雙幅，雪白玉軸，雖未必李成，然自好。黄筌《雕控狐》雙幅，范寬山水手卷，皆佳品。又有李成《寒林》手卷，巨然山水二，關仝《高山懸瀑》，趙幹山水，平平。

省掾高鑄仲器所藏唐人臨《蘭亭》，極瘦而自然，其後高子奇跋云：「此乃馮承素等所臨，亦不明爲何人者。」柳公權小楷書《清淨經》，開成五年書於上都照成觀，極佳。東坡書杜少陵《驃騎圖詩》，後有子由跋。又山谷二絶句。又「前身畫馬江都王」王詵題名，蓋題伯時畫而失其馬焉。此卷亦在可疑之數。易元吉《草蟲》小片，艾宣《鵪鶉》，郭熙仿李成山水雙幅，佳。曹霸肥馬一疋甚佳，韓滉《漁獵圖》一，平平。己未正月四日。

【七五】十二日　原無，據清抄本補。

【七六】王芝　「王」原作「玉」，據學本改。案：王芝字子慶，號井西，書中多處述及。

諸玩

東都承平時，大棋則劉仲甫，較唐王積薪尚高二路【七七】，號稱國手。繼有晉士明，又在仲甫上高二路。王憨子則仲甫之敵【七八】。琴則海大師及僧梵如，琵琶則劉繼安、雷中度大使、留大、孟永清【七九】。

宣和時嘗造香於睿思東閣，南渡後用其法製之，所謂「東閣雲頭香」是也。馮當世在兩府，使潘谷作墨，銘曰「樞庭東閣」，然則墨亦號「東閣」。

沈草庭云：以煮酒脚塗靈壁石，其黑如漆，洗之不脱，極妙。

鹿肉王家有小鼎、小瓶，皆純黑，而花紋皆漫花。漫花者，必是用皮垜上於床碾出，其黑疑是用漆填法，或别有一等墨染之法使然。蓋其下有網文甚新，故知其非古物也。更當與識者評之。

伯幾云：仲山有宣和内府一琴，絶佳，名「冰清」，開成中郭亮製，建中靖國中脩。其製作斷文皆非常琴可擬。向用鈔四十定，今雖四百定亦不可得，與「春雷」行輩也。

琴間指以一與四、二與五、三與六、四與七爲應，凡動第一絃則第四絃亦應，自然易動，試以羽毛輕纖之物試之皆然【八〇】，此氣之自然感應者也：子昂云。

葉茂實造墨妙一時，先子爲倅時自龍游取至聽事，令造之。爲造軟帳烟，尤清遠。其

【七七】較　原作「校」，據學本改。

【七八】王憨子　「王」原作「某」，據學本改。

【七九】琵琶則劉繼安雷中度大使留大孟永清　「劉」原無，據學本補。「永」學本作「水」。

【八〇】試以　「試」原作「即」，據學本改。

法作暖閣，幕以紙帳，約高八九尺，其中用碗貯油炷燈，外密護，取無風，煙直上至頂，其清遠可知。其膠法甚奇，內用紫礦、青皮、木賊草、當歸、腦子之類，皆活膠之藥。蓋膠不活則滯而不清，故老葉墨雖經久或色差淡，而絕無膠滯之患，勝他人者多矣。時有趙水月伯鹿，亦能用雪齋法，其號爲超然，清芬如在竹梅間作小竈輕烟【八一】。毛滄洲作手劑。又有林泉東卿者，亦能制墨，汶陽小劑，一點如漆，百年如石，然皆不及老葉，而所謂翁彥卿、王大用者，時不數之也。

※[⿰白糸]鼎，元張稱孫家物，杭之常賣駔售之【八二】，沈大整者和菴得之，以爲奇貨，既而董瓚者（所謂「頑石董」）酬以重價，以大銅器數件共準二十五定得之，既而歸之喬仲山運副，聞將轉之顯官云。其製即局爐三足兩耳者，其花饕餮及圓雷文，亦局製無異，特青綠自內出外，裏以茶褐色，亦一尤物也。內有上三字款云，然其樣則不古也。庚寅八月廿六日，余因周氏借觀之，教化參政以廿二定得之【八三】。

五指卣，真三代器，董震齋奇物也，後因開元宮火失其蓋，其底今歸張萬户之子尚書。五指痕出蠟時所印，尊有小字款數十字【八四】。

高彥敬二琴，其一大中年張鉞斲，後無名；其一咸通中金儒製，此琴絕佳，名「鳴玉」，後題「金儒鳴玉」四字，云是白玉軫足，絕奇，下有「高士談家藏寶」字，已爲人削去，尚有跡可見。蓋此琴乃宣和故物，後歸大金，亦爲奇品。士談者以與宋通被誅，故削其字

【八一】竹梅　「竹」原作「祝」，據清抄本改。

【八二】售之　原無，據清抄本補。案：學本「常賣駔」下有「人」字。

【八三】教化參政以廿二定得之　「教化」原無，據學本補。「廿二定」，学本作「廿五定」。

【八四】五指痕……數十字　此二句原無，據清抄本補。

跡，其色如栗殼而赤，斷文皆隱起如蟬蚹然，真佳物也。聞張受益有一琴名懷古，亦佳物，未及見之。又一古墨乃蒲序所造，聞在廷珪前。按：士談字子文，又字季默，宣和末爲忻州户曹，仕金爲翰林學士。

張受益家二琴。一曰懷古，音清朗可喜，其斷文細如絲髮，作紅栗色，内有「天寶」字。一曰霜鐘，不及懷古。

銅器最佳者盥水匜，文藻精妙，色如緑玉，無款，必周器也。商甗亦碧色可愛，内有款，一細文大壺【八五】，頸上有彫戈一「月」字，甚奇，恐亦三代物。漢朱砂，色如點血，漢器之最佳者。碧淵明壺，元中齋物也，聞尚有數種及南唐金銅佛甚精。以雪作寒甚，持玩不便，遂歸，李牧適在焉。

余家有火浣布尺餘，乃外祖在泉州日得之里人，後歸予家，每酒邊出示坐客，置之爐火中爲戲，後爲趙孟誼借去不還【八六】。又蠟沈一株重二十餘兩，亦白没焉，竄死異域宜也。其家有長生螺數枚，置醋中則活，此事已載之《野語》矣。又有瑪瑙杯二隻，其一純白，中有金鱔魚一條；一純紅，中有白鰍一條，亦秀邸之物攫而得之者【八七】。又有沈香連三暖閣一副，窗槅皆鏤花精妙，其下替板亦鏤花，板下用抽替，打篆香於内，香氣芬郁，終日不絕，前後皆施錦綺簾幕，及掛屏皆官窰瓶，粧飾侈靡，舉世未見有其比者，亦攘他人之物獻之福邸焉【八八】。

【八五】一細文　學本作「甚細又」。若據學本，則「甚細」屬上句。

【八六】趙孟誼　「誼」原作「議」，據學本改。

【八七】秀邸之物　「物」学本作「寶」。

【八八】攘　原作「摟」，據粤本改。

米氏研山，後歸宣和御府，聞今在台州一大家戴氏，極珍祕不可見矣。大衍庫（即廣濟庫）出售雜物時，有靈壁小峰，長僅五六寸，高半之，玲瓏秀潤，所謂胡桃皮，沙坡、水道皆有之。山峰之半有圓白小月，瑩然如玉，徽宗御書小字刻於峰旁，云「山高月小，水落石出」，略無琢刻之痕，真奇物也。

九月十日偕伯幾訪端父理問，出商尊一，曰「父巳」，商器也，昔沈老賣之董瓚者，絶妙。其質如漆，或黄或紅，或緑或青，文藻尤精【八九】，十二定買之。敦二，大小相似，皆有款，亦恐三代之物【九〇】。又尊，一無款，恐只漢器；一徑尺，無精神。漢鼎，無蓋，細文；天禄辟邪研滴，皆近博伯幾者。以蠻人騎獅子一，玉博棋一【九一】、《瘞鶴銘》一。又觀音一軸，細甚，亦佳，恐是唐人畫。向薌林靈壁石，又靈壁立石。袁氏伯長漢印。二琴皆雪白玉軫足，其一「瓊響」，慶曆五年道士衛中正奉聖旨斵，崇寧三年馬希亮奉聖旨重脩；其一「秋籟」，唐僧三慧大師物。並祕省坡仙所畫竹石小壁一堵，龕而爲屏，既而入大衍庫，歸謝起翁，今始歸廉，聞已爲江右丞索去。又銅鐸二，或以爲三代，恐只漢物。紅桑大阮二面，錦背阮譜七册，必御府物也。

斵琴名手：唐雷霄、雷威【九二】、雷珏、郭亮，皆蜀人。沈鐐、張鉞，皆江南人。蔡睿、僧智仁、衛中正，慶曆中；朱仁濟、馬希仁、馬希亮，崇寧中：並宋人。

直北名琴：春雷　玉振　流泉並御府，不出，左爲寒玉實腹琴，混木刻成。冠石　韵磬　秋嘯並

【八九】或黄或紅或緑或青文藻尤精　學本作「或黄或緑或紅或青文藻尤佳」。

【九〇】亦恐三代之物　原作「恐亦三代物」，據學本改補。

【九一】玉博棋　原作「博玉來」，據粵本改。

【九二】雷威　原作「雷咸」，據粵本及《雲烟過眼録》卷下改。

録到伯幾者。又有金儒劉鳴玉者，在高彥敬家。萬壑松郭祐之。瓊響廉端父。唐僧三慧大師有琴在廉端父家。鳴玉高彥敬。優曇花毛滄洲。玉壺冰趙玉溪。閒素紫霞第一琴。玉鶴　玉雁【九三】皆宣和御府，後歸金。大雅　松雪並趙菊坡。浮磬趙節齋。奔雷樊澤卜氏百琴堂第一【九四】。存古吴沂泳齋，今歸張受益。萬壑松張受益。秋澗泉楊守齋，今在王井西家。玉玲瓏楊伯修。百衲雷咸造，太平興國七年趙仁濟修，進入吴越國王宫。今藏李公略，二十定得之。

賈師憲庚申歲自江上奏功而歸，凡其家從行諸客皆推恩賞。廖瑩中羣玉以從戎之勞，轉官之外，復特賜黄金百兩，廖遂用之鑄匜盤以爲酒器，且俾楊尚書平舟棟作古篆書【九五】，勒銘於器云：「皇帝御極之三十七年，國有大功，一相禹胼，曰余瑩中，與隨旆旃。余亹手扶，余後手牽，曰公何之？敵脅是穿。奇勝草坪，受降馬前。公一何勇！敵一何恐！余汔濟南，公飯余共。挹漢倒江，一洗羶潼。彼從夷矣，公歸余從。内金惟精，上賞惟重。文昌孫子，是寶是用。誰其銘之？史臣楊棟。」余嘗得此銘墨本，因并書之。

按：楊棟字元極，號平舟。

元豐間米芾自號恭門居士【九六】，其印文曰「火正後人芾印」，其後並不用之。

謝起翁有銅奩，與予所藏者正同，脚亦如此短，但體甚重，亦佳物也。趙子俊爵三字款，款文突，色褐黑，亦佳物，第一足已折，粘綴於上，爲可惜，雙柱却不好。

癸巳二月二十九日，楊金吾携孫太古上真一軸來觀【九七】，其上山水甚奇古，怪木磐

【九三】玉雁　原作「王雁」，據學本、粤本改。

【九四】卜氏　學本作「卞氏」。

【九五】古篆書　原作「篆古」，據清抄本改。

【九六】元豐間　「間」原無，據學本补。

【九七】楊金吾　「金」原空缺，據粤本補。

石，福神坐焉，其像甚佳，其側有捧劍一天女絶佳，下瞰海水，龍神足踏巨鼇，手捧琉璃方坐，上有龜蛇，又有一龍神執爐炷香，山上有小樹數株，甚奇怪。題云「彭山孫知微筆」。

褚雪巘携銅虎一半來，上有篆字六，云「某處發兵合同」，下有甲至癸十真字各半。又黄古玉如匕首之狀，色甚潤，蓋玉也，而此老謂之雷斧，非也。按：褚名伯秀，杭州天慶觀道士。

張君錫有蒲序墨一笏，甚古，上有數十字，亦佳。

癸巳十月朔，訪焦達卿，出孫過庭草書《書譜》【九八】，天真爛漫，奇物也。前有宣和御題及前後「政和」、「宣和」印。

賈師憲丞相祭器銘曰：「惟景定三年正月乙丑，詔太傅丞相賈公似道，奕世勛勞，再造王室，其賜家廟於行都，乃作俎豆，供奉時薦，萬世子孫永保之。」余嘗得其一器，其銘如此。

過鮮于伯幾家，有透光鏡，映日則背花俱見，凡突起之花，其影皆空。昔麻知幾有詩，余嘗賦詩云。其後伯幾又得一面，而霍清夫家亦有二枚【九九】。最後見胡存齋一鏡，透影極分明。余因歸取所有鏡映之，或有透光一半，或有透而不甚分明者。蓋凡鏡皆透，特有分明不分明耳。透光鏡止見沈存中《筆談》所言，亦不甚明白，他書無之，亦物理有不可曉者。

【九八】草書書譜　學本作「草書譜」。

【九九】二枚　學本作「三枚」。

爪哇國燈盞形如箕【一〇〇】，銅鑄，上有國王、國后二坐像，旁有一人立於側，龜胸形醜，其側有兩人頭，殊不可曉爲何物，恐非燈盞。其下如此。徐子方以五千得之，甚可怪也。横徑四寸，縱徑約三寸。

胡存齋置到硯山一座，亦靈壁石【一〇一】，雖【一〇二】鎸刻而成，殊見天趣。中爲硯曰□□臺，其後最高一峰成平峰，左曰□□潭，右曰仄翠峰【一〇三】，及有□□洞，下有銘曰「陽蟠陰結」。按：闕文無從考補。

徐子方言：向到古内觀堂，有黑漆厨兩面，皆有門龕，高數尺，嵌一石在内【一〇四】，其南面有南斗六星文隱起石中，上刻金書云「南斗呈祥」，其陰有北斗七星之文隱起石間，刻曰「北斗降瑞」。過兩年再至杭，過之，則觀堂已化爲佛寺，此石不知所在【一〇五】。

容齋出銅持硯一，狀如箕而長近一尺，其上作一倭人坐硯池上，其下後有海獸，類蜼四足，以前雙足撫倭人之身，其上作牛與其他，皆細花紋，甚精，蓋秦、漢間物也。又有玉硯，長一尺，廣六寸，厚二寸，玉色雖未甚白，而瑩淨可愛，獨受墨處不光，可研磨也。又珊瑚筆格一，亦扶疏可愛，色亦紅潤。又鍍金銅水滴，下有細篆銘數十字，雖近代物，亦佳。

徐浩書《顔真卿刑部尚書誥》大曆十二年所書者，奇物也，係馬德昌所送。又有程運副懷素草書《千文》甚佳，絹上書。

古伯彝【一〇六】，藏焦達卿家，正如一大青瓜，色青緑可愛。又兩鼎，内一舉鼎，一鼎

【一〇〇】爪哇國　原作「爪華哇國」，據學本删「華」。

【一〇一】亦靈壁石　「石」原無，據學本補。

【一〇二】雖　原作「所成多」，據學本改。

【一〇三】右曰仄翠峰　「曰」原作「山」，據學本改。

【一〇四】嵌一石　原無，據清抄本補。

【一〇五】所在　原作「何在」，據學本改。

【一〇六】古伯彝　「古」原作「右」，據清抄本及《雲煙過眼録》改。

款字尤多，在底内。一盤高足，盤内有大饕餮文，甚佳。

李公略所藏雷咸百衲琴，雲和樣瑟，瑟徽製作甚精，内外皆細斷文，其中亦皆用髹漆，腹之兩傍可容三指，測而聲極清壯【一〇七】，腹内兩傍題云：「太平興國七年【一〇八】，歲次壬午，六月望日，殿前承旨監越州瓷窰務趙仁濟再補修吴越國王百衲雷咸琴。」至今壬午，恰三百六十年，儼然如新。

陳公密縝知端州日，聞其富民蓄一硯，甚佳【一〇九】，破其家得之。硯面世所謂熨斗樣者，琢一黑龍奮迅之狀，二鸜鵒眼以爲目，每遇陰晦則雲物輒興。公殁後，歸於張詢仲謀，其後又歸之御府【一一〇】，祐陵置之宣和殿以爲書符之用【一一一】。靖康之亂，聞爲中人王殊所匿。近聞北客云：「今御府有佳硯，名蒼龍横沼。」其説正與前所云合，得非即此硯乎？

寶器

國朝典故：人主升遐，皆取太學文宣王圭爲殮【一一二】，事定，另造歸之。攷之日曆，寧宗朝奉臨安府買到單進青玉一塊，元重九十一斤七兩餘，造文宣王玉圭一面，充應天大圭使用，外餘青玉一塊，重八十七斤，造玉寶劍并贈一數。

嘉興華亭市中有小常賣鋪，適有一物如桶而無底，非木非竹，非鐵非石，既不知其名，

【一〇七】測而聲極清壯　「測」原作「側」，據粤本改。

【一〇八】太平興國　「太平」原作「大宋」，據清抄本改。

【一〇九】甚佳　「佳」原作「至」，據粤本改。

【一一〇】其後又　「又」原無，據學本補。

【一一一】以爲書符之用　「以」原無，據學本補。「符」原作「符」，據學本改。

【一一二】皆取太學文宣王圭爲殮　「太」原作「大」，據學本、粤本改。「殮」原作「斂」，據清抄本改。

亦不知其何用【一一三】。如此者凡數年，過者無一睨之。一日忽有海船老商見之，駭愕有喜色，撫弄不已，扣其所直，其人亦黠駔，意謂老商必有所用，漫索其直三百緡，商喜，償以三之二，遂取錢付之。駔因扣之曰【一一四】：「某實不識爲何物，今已成賣【一一五】，勢無悔理，幸以告我。」商曰：「此至寶也，其名曰海井。尋常航海，必須載淡水以自隨，今但以大器滿貯海水，置此井於中，汲之皆甘泉也。平生聞其名於番賈而未嘗遇，今幸得之。」唐野翁云。按：此與詹氏所記禹定水帶相似【一一六】，不知傳聞影借，抑果有之乎？

金花定碗，用大蒜汁調金描畫，然後再入窰燒，永不復脱。凡碾工描玉用石榴皮汁，則見水不脱。凡事皆有法也。

董震齋得一小尊【一一七】，上有五指痕，蓋出蠟時所印者。蓋并尊中有小字款數十字，皆古甚。嘗於《博古圖》攷之，名周召公尊。真三代器也【一一八】。按：此條已見前。

酒醋缸有裂破縫者，可先用竹箍定【一一九】，却於烈日中曬縫，令十分乾，仍用熾炭燒縫上，令熱極，却以好瀝青末摻縫處【一二〇】，令融液入縫内，令滿，更用火略烘塗開，永不滲漏，勝於油灰多矣。陳叔坊云。

乙丑閏十一月二十一日，至王子慶家，見一鏡乃徑尺大者，中藏簧，有聲鏗然，亦前所未見。

趙德潤以一鏡來觀，古葉樣，背有大鐵環，乃掛鏡也。上有古字銘云：「人有一口，

【一一三】亦不知其何用　「其」原無，據學本補。

【一一四】因扣之　「之」原無，據學本補。

【一一五】今已成賣　「賣」原作「買」，據學本改。

【一一六】詹氏　粵本作「唐氏」。

【一一七】董震齋　「震」學本作「宸」。

【一一八】真三代器也　此句學本在「皆古甚」後，無「也」。

【一一九】可先用竹箍定　「可」原無，據學本補。

【一二〇】摻縫處　「摻」學本作「糝」，粵本作「滲」。

前牛無八角，後牛有口走。」殊不可曉。下有一牛轉頭，前有草一叢，下篆「辟祟驅邪」，兩傍亦有字，細而考之，銘語蓋「丙午造」三字，其下牛與草，必寓年號耳。

前浙漕劉伯益所藏一蒼玉符〔四〕，長可一尺，濶三寸，厚半寸許，兩傍作雙螭，中碾七篆字，云「玄孫似文治水聖」【一二一】，以爲三代之寶，甚珍之。以余觀之，僞物也。禹雖姒姓，然此非姒姓之姒，又玄孫乃軒轅之孫，何爲曰一孫【一二二】？且三代之物當作鍾鼎款篆，何爲作小篆？且篆刻皆不工，不足奇也。

伯幾云：今所謂骨毒犀【一二三】，乃蛇角也。以至毒能解毒，故曰蠱毒犀。一刀靶可直數十定。

宣和殿所藏殷玉鉞長三尺餘，一段美玉，文藻精甚，三代之寶也。後歸大金，今入大元，每大朝會必設於外廷。

越人董十六閤門蓄紅瑪瑙石一塊，徑可二寸，摇撼之則有水聲滑滑然，蓋中空、有水在内故也。時欲易余所藏崔白《鵞》雙幅，余不許，後不知流落何處。

理宗朝，張府子弟有獻白玉簫管長三尺者，内府所無，即時補官。其後韓府有獻白玉笙一攢，其薄如鵞管，此神工所爲，非人世所有，尤爲絶世之寶。

龜溪李大卿，韓平原之壻，其妻奩中有白玉出番獅子，高二尺五寸，精妙無比，後不知所在，云歸福邸。

【一二一】玄孫　學本、粵作「元孫」。下同。

【一二二】一孫　學本作「元孫」。

【一二三】骨毒犀　「毒」原作「觸」，據學本改。

癸巳十二月十七日，訪胡存齋，出玉花尊一隻，約高尺四，徑七寸，玉色雖不甚白，然文藻碾法極精妙，聞穆陵禁府之物，在燕得於謝太后，價十七定。至元十四年。又素圓玉碗一隻，亦徑五寸餘，其色有七八分【一二四】，碾法尤精，亦希世之寶。又玉碗托子一隻，面尺二三徑【一二五】，玉色差低，足亦外來，有一足兩耳。玉匜一隻，亦尺餘徑，玉色微黄，前後碾兩饕餮，口有緣，亦精。又玉楪一片，亦近數寸徑【一二六】，腰子樣。此數物皆予前所未覩也。又玉爵一隻，亦高尺許，玉色雖不甚好，然滿身文藻，攀下有「政和」二小篆字。

甲午歲五月三日，訪張受益，出示一小鼎，文藻甚佳，其色青，視與董氏鼎無大相過，内有※日米三字【一二七】，奇物也。又有一朱敦，上是兩耳。彝鑪下連方坐。一觥鑄坐，四周皆作隻牛【一二八】，而其文皆凸起，朱緑交錯。又一大尊，仿佛如廉氏者，皆奇物也。易元吉畫豬手卷，亦秦氏物，前有尚書儀衛使官印，上題「潭州散吏易元吉作」，甚佳。又高宗御題袁義《遊魚》，後有「封」字半印。又徽宗所摹李昭道《摘瓜圖》吊軸，同是陳月觀物。又邊鸞《葵花》，花心數蜂如活，向是楊駙馬物，後爲尤曾五所得，今歸張。

甲午人日【一二九】，張受益相访，因言昔蒙古公在福建爲左丞時，有小民一婦人以織麻爲業，每夜浸麻於大水缸中，來日視之，水盡涸，甚怪之。一夕密伺之，至夜半，有一物來，徑入缸中飲水，其身通明，如月照映里餘，細視乃一白蜘蛛，如斗米栲栳大，其婦遂以雞籠罩之，剖其腹，得珠如大彈丸，明照一室。是夕地分有軍卒見其家光燭天，翌日遂往

【一二四】其色有七八分　「分」字下原有「色」，據學本删。「其色」清抄本作「其白」。

【一二五】面尺二三徑　學本作「徑一尺二三」。

【一二六】亦近數寸徑　「近」學本作「僅」。

【一二七】※日米　三字原空缺，據《雲煙過眼録》補。

【一二八】隻牛　學本作「雙牛」。

【一二九】人日　學本作「九月」。

扣，婦人初以爲無，終不能隱，遂出示之。其卒脅以威，以十五千得之。既而主將千户知其事，遂殺卒取之。如此凡轉數家，最後歸之蒙古公，前後凡殺十餘人以滅口，遂以所得福王玉枕併進之【一三〇】，遂得江浙平章。禁中亦有一珠，向以三千定得之賈人，方之此珠，不及其半，蓋絶代之寶也。

聞眇張瞎子有聖鐵【一三一】，凡人佩之，刀兵不能入。嘗以一羊銜而試之，良驗。或謂此鐵佩之，凡刀兵所至，則鐵隨應而蔽【一三二】。未知孰是。或又云此鐵大者僅如豆，破血入之身中，異時遇有刀兵，則此鐵隨即應之，更不可入。按：張眇一目，故杭人稱爲瞎子云。

有人以玉帶一胯求售於胡存齋，其濶二寸，横寸七分，玉色甚潤，厚七分，其中剜入半寸，其地平下，貼地作荔支一枚，連枝五葉，枝皆剔起，葉皆有脉，飛翻活動，其奇物也。此必宣和所治。

人事

孫承公狂士，每至一處，賞玩累日，或至半途即返【一三三】，與訪載事相似。

劉貢父書：燕王小子元安，年三十餘不知人事，每食必置糞少許於食中。世傳党進之事似之。

蜀賊李順破後，已正典刑，至景祐中廣州巡檢陳文璉捕得之，乃真李順也。凡遁三十

【一三〇】所得福王玉枕　學本作「所謂福王玉椀」。

【一三一】眇　原作「鈔」，據粤本改。

【一三二】隨應而蔽　「蔽」原作「敝」，據清鈔本改。

【一三三】或至半途即返　「至」原作「回至」，據學本删「回」。案：「回」粤本作「同」。

餘年，年已七十餘，復斬之。

張合義爲西京留守，識黄巢於羣僧中，後住雪竇，所謂雪竇禪師即巢也。

宋之問謫官杭州，遇駱賓王於靈隱寺。

南岳僧見姚泓。　封禪寺主僧乃巨寇澤州明馬兒也【一三四】。　江州圓通寺僧死後，有雕青於背云「李重進」。　宣和老内侍遇林靈素于蜀道。　李次仲遇姚平仲於廬山。凡此皆桀黠之尤，多能逃命於一時也。

今世以有夫婦人爲「生人婦」，此事出《三國志・魏・杜畿傳》注：「畿在河東録寡婦。是時他郡或有已相配嫁，依書皆録奪，啼哭道路。畿但取寡者，故所送者少。及趙儼代畿，而所送多。　文帝問畿：『前君所進何少，今何多也？』畿對曰：『臣前所録皆亡者妻，今儼所送生人婦也。』帝及左右皆失色。」湯岐公亦曾對高宗言此，見《老學菴筆記》。

漢景帝醉，召程姬，姬有所避，而飾唐姬以進。　師古注曰：「『有所避』謂月事也。」

晉王延事母至孝，夏則扇枕，冬則温被，母嘗盛冬思食生魚【一三五】，求而不獲，扣冰而哭，忽有一魚躍出冰上，取以進母。　與王祥事相類。

《南史・隱逸傳》：盧度字孝章，紹興人，隱居廬陵西昌三顧山，鳥獸隨食屋前，有池養魚，皆名呼之，次第取食。　亦奇異也【一三六】。

陳石泉自北歸，有北人陳參政者餞之，爲《木蘭花慢》【一三七】云：「歸人猶未老，喜依

【一三四】南岳僧……明馬兒也　清抄本「姚泓」下有「于」字。「明馬兒」學本作「馬明兒」。

【一三五】思食生魚　「食」原無，據清抄本補。

【一三六】亦奇異也　此句原無，據學本補。

【一三七】爲木蘭花慢　「爲」原無，據學本補。

舊、着南冠。正雪暗滹沱，雲迷芒碭，夢落邯鄲。鄉心日行萬里，幸此身、生入玉門關【一三八】。多少秦烟隴霧，西湖洗淨征衫【一三九】。燕山從不見吳山，回首一歸難。慨故都離黍【一四〇】，故家喬木，那忍重看！鈞天紫城何處？問瑤池八駿幾時還？誰在天津橋上，杜鵑聲裏闌干！」

談者以王德用貌類藝祖，宅枕乾岡，作表辨之曰：「貌類藝祖，父母所生；宅枕乾岡，先朝所賜。」

宋元獻初名郊，談者謂：「姓符國號，名應郊天。」仁宗命改名庠。

華谷射覆法：用神字牌六扇，各兩面書曲名十二枝：好事近子，曲玉管丑，黃鶯兒寅，柳梢青卯，亭前柳辰，怨王孫巳，千秋歲午，木蘭花未，更漏子申，醜奴兒酉，感皇恩戌，夜行船亥。又用機字牌六扇，各兩面，謂如神字牌。子面月下行則看丑面，起於機字丑位後一位，求之即是。

山谷送張叔和詩云：「我捉養生之四印。」乃謂忍、默、平、直也，所謂「百戰百勝，不如一忍；萬言萬當，不如一默。無可揀擇眼界平，不藏秋毫心地直。」

宗門有三印，謂印空，印水，印泥。

嘗記先友施仲山云：「士大夫至晚年多事偏僻之術，往往無子者。蓋交感之道，必精与氣，然後生育，而偏僻之術多加以繫纜之法，蓋氣不過，所以無子也。」此說極有理。

【一三八】玉門關　原作「鬼門關」，據學本改。案：班超上疏曰：「臣不敢望到酒泉郡，但願生入玉門關。」（《後漢書・班超傳》）

【一三九】西湖洗淨征衫　「洗淨」原作「淨洗」，據學本改。

【一四〇】離黍　原作「禾黍」，據學本改。

余兒時游中都市井間，有呈水嬉者，一大木斛滿貯水，以小銅鑼爲節，凡龜鼈鮎鯽，各以名呼之，即浮於水面；擲以小面具，如齋郎、耍和尚之類，即戴之而舞，舞竟則沈去，又别呼其一以呈技。是雖教習使然，然龜鱼非禽獸比，不可以威警動，殊爲難能，其後絶響，無繼之者。又有王尹生者善一技，每設一大輪盤，徑五六尺，盤中盡小器具，花鳥、人物，凡千餘事。每以楮爲小羽箭，或三或五，皆如人意【一四一】。既而運轉大輪如飛，使客隨意施箭，皆能預定初箭中某物，次箭中某物，無毫釐差忒。或俾其自射，且預命之曰：以初箭中某物，以次箭中某物，如蝦鬚、蜞脚【一四二】、燕翅、魚鬣之類，雖極微眇，無不中，其精妙若此【一四三】。然亦止其身，他未見有傳其技者。轉眼今四五十年，暇日因戲書之。

嘗聞鄉曲沈子固先生云：道學之黨，名起於元祐，盛于淳熙，其徒甚盛，蟠結其間，假此以惑世者，真可嘘枯吹生。凡治財賦者則目爲聚斂，開閫捍邊者則目爲粗才，讀書作文者則以爲玩物喪志，留心吏事者則以爲俗吏。蓋其所讀書止《四書》、《近思録》、《通書》、《太極圖》、《西銘》及語録之類，自詭為絶學者【一四四】，正心、齊家，以至治國、平天下，故爲之説曰：「爲天地立心，爲生民立命，爲前聖繼絶學，爲萬世開太平。」爲州、爲縣、爲監司必須建立書院或道統諸賢之祠，或刊注《四書》，衍緝《近思》等文，則可不錯路頭【一四五】。至下而士子作時文，苟能發明聖賢義藴，亦可不負名教【一四六】，否則立身如温公，文章氣節如東坡，皆非本色也【一四七】。復有一等僞學之士競趨之【一四八】，稍有不

【一四一】皆如人意　清抄本此句作「任人取以射物」。

【一四二】蝦鬚蜞脚　「蝦」原作「花」，「蜞」原作「旗」，據清抄本改。

【一四三】精妙若此　「此」學本作「神」。

【一四四】自詭為絶學者　學本作「自詭其學能」。「者」原作「首」，據粤本改。

【一四五】則可不錯路頭　學本作「則可釣聲名美官」。

【一四六】苟能發明聖賢義藴亦可不負名教　學本作「必須引用以爲文則可擢巍科爲名士」。

及，其黨必擠之爲小人，雖時君亦不得爲辨之，其氣燄可畏如此。然所行所言略不相顧，往往皆不近人情之事，馴至淳祐、咸淳，則此弊極矣！是時爲朝士者必議論憒憒，頭腦冬烘，敝衣菲食，出則以破竹轎，舁之以村夫，高巾破履，人望之知爲道學君子，名達清要旦夕可致也。然其家囊金匱帛，爲市人不爲之事。賈師憲獨持相柄，惟恐有奪其權者，則專用此等之士，列之要路，名爲尊崇道學，其實幸其憒憒不才，不致掣其肘，以是馴致萬事不理，喪身亡國。嗚呼，孰謂道學之禍不甚於典午之清談乎【一四九】！

醫老張防禦向爲謝太后殿醫官，易命後出入楊駙馬家，言殊好異，人目爲「張風子」，然其人尚義，不徇流俗，其家影堂之上作小閣，奉宋理宗、謝太后神御牌，事之惟謹，以終其身，可謂不忘本者矣。

又楊府九位有掠屋錢人沈喜者，居長生橋。楊和王忌辰或慇忌必設位，書「恩主楊和王」，供事香燭惟謹。人問其故，則云：「某家再世，皆出楊府衣食，其家今雖衰微，然不敢忘。」此亦小人知義者。今世號爲士大夫者，隨時上下，自以爲巧而得計，視此真可愧死也！

向舊都天街有剪諸色花樣者，極精妙，隨所欲而成。又中瓦有俞敬之者，每剪諸家書字，皆專門。其後忽有少年能於衣袖中剪字及花朵之類，更精於人，於是獨擅一時之譽。今亦不復有此矣。

【一四七】否則……皆非本色也　「否則」原作「蓋畢竟」，「皆非」原作「此爲」，據學本、粵本改。

【一四八】復有一等僞學之士　學本作「于是天下之士」。

【一四九】孰謂道學之禍不甚於典午之清談乎　原作「孰倡僞學之黨甚於典午之清谈乎」，據學本改。

石林《避暑》載：蔡州道士楊大均善醫，能默誦《素問》、《本草》、《千金方》，其間藥名、分兩皆不遺一字。因問此有何義理而可以記乎？大均言：「苟通其意，其文理有甚於章句偶儷，一見何可忘也？」余向游紫霞翁門，翁精於琴，善音律。有畫魚周大夫者善歌，間令寫譜參訂【一五〇】，雖一字之誤，必隨正其非【一五一】。余嘗扣之云：「五、凡、工、尺有何義理而能暗誦如流？且既未按管，安知其誤？」翁笑曰：「君特未究此事耳。其間義理更有甚於文章，不然，安能記之？」其説正與前合，因并識之【一五二】。

醫藥

《黄帝》云：「五氣者【一五三】，香氣湊脾。」漢以前無燒香者。《楞嚴經》云：「純燒沈水，無令見烟。」此佛家燒香之法也，出《寓簡》。

今世所傳鐵甕中先生交感丹，乃吾鄉俞居易侍郎所傳也。

凡人溺死者，以鴨血灌之即活。張梦符云。

治喉間倉卒之疾，用巴豆，以竹紙滲油令滿，作撚點燈令著，吹滅之，以煙薰喉間，即吐惡血而消。

蓀壁云：耳暴聾，用全蝎去毒爲末，酒調下，以耳中聞水聲即愈。云是韓平原家傳方。按：金應桂號蓀壁。

【一五〇】寫譜　原作「瀉譜」，據學本、粤本改。

【一五一】隨正其非　「正」原作「證」，據清抄本改。

【一五二】因并識之　原無，據清抄本補。

【一五三】五氣者　「者」原無，據學本補。

枸杞子可以榨油，點燈觀書能益目力【一五四】。

治金瘡及刀斧瘡，用獨殼大栗研爲乾末，傅之，立止【一五五】。或倉卒用生栗敷之，亦得。

暈船者飲船蒿倒溜水，則不暈。

暑天痱子，用王瓜摩之即消。梨子去熱，眼熱、牙疼皆可。

香附子四兩，去黑皮，微炒，片子姜黄湯浸一宿，洗淨二兩，甘草一兩，各炒【一五六】，共爲細末，入鹽，點，辟嵐瘴之氣極妙。治痢用罌粟殼，須隨紅白二色，以類治之，乃佳【一五七】。

雪村云：决明不必煮，只用江茶泡湯浸數次【一五八】。

五健丹治血虚、氣虚、頭暈。川椒炮一兩，陽起石灭煅紅，研細一兩，鍾乳粉一兩，辰砂一兩，别研極細，沈香半兩，用糯米粉一兩作濃糊丸如梧子大，每服三十丸，棗湯空心下。

治喉痹並生乳鵝法：用蝦蟆衣、鳳尾草，洗淨，擂碎細，入鹽霜、梅肉、煮酒各少許，和再研細，用細布絞汁，以鵝毛掃患處，隨手吐痰即消。

子昂云：齒藥惟玉池散絶妙，云是局方。今局方中無之。

臘月中【一五九】，以臘水浸白米三兩，宿，晒乾，碾作粉【一六〇】。遇暑月泄瀉者，煮食

【一五四】目力　「力」原無，據學本補。

【一五五】立止　「止」原作「出」，據學本改。

【一五六】各炒　「各」原無，據學本補。

【一五七】乃佳　「乃」原無，據學本補。

【一五八】江茶　學本作「熱茶」。

【一五九】臘月中　「中」原無，據學本補。

【一六〇】碾作粉　「粉」原作「粥米」，據學本改。

之，良驗。

康侯云：治暑氣在內，小便血淋，用白虎湯加麥門冬煎服【一六一】，屢取效。此亦有理。

常東軒挺，晚苦陰汗，有教之用牡蠣粉撲之者，始雖少減，久之至潰腐，至見其睪丸焉。豈非別投以他藥乎？

草庭云：每年桑樹斫下之柴，積令燥，異時燒灰入酒，極有風韻，且有益於人。

治齒痛腫法：用黑豆以酒煮汁，漱之立愈。王修竹云其閨中嘗用之，驗。

近世醫者如吾鄉麗良才兄弟，指下亦自明了，最是記方可喜，暗書諸方，雖十餘不誤。

今之消息者不知起於何時，然藥方《千金方》自有按摩之術，如「十段錦」之類是也。聞唐時亦有按摩博士之官【一六二】。

鄭金耀有杖丹一方，用水蛭爲末，和朴硝少許，以水調敷瘡上，屢施於人，良驗。

范元長云：北方醫書有《宣明論》，內有鼻泓一方，用涼藥者，親見趙清及孫某者用之【一六三】，效。蓋鼻淵有寒熱兩症【一六四】，即腦溜也，凡腦溜臭者即熱症。

治癰疽惡瘡，初腫起時，以當歸須、黃檗皮、羌活三味爲細末，用生路絲藤擂汁，調傅瘡之四圍，自然收毒氣，聚作小頭即破。切不可併瘡頭傅之，若并傅之，則毒氣四散，不可收矣。

【一六一】煎服　「服」原無，據清抄本補。

【一六二】聞唐時亦有按摩博士之官　原作「唐時有按摩博士」，據學本補。

【一六三】孫某者　「某」字原空缺，據學本補。

【一六四】寒熱兩症　「症」原作「證」，據清抄本改。

回回國之西數千里地，産一物極毒，全似人形，如人參之狀，其名「押不盧」，生於地中，深數丈，或從傷其皮，則爇毒之氣着人即死。取之之法：先開大坑，令四旁可容人，然後輕手以皮條結絡之，其皮條之前則繫於大犬之足，既而用杖打犬，犬奔逸，則此物拔起。犬感此氣即斃，然後別埋他土中，經歲後取出，暴乾，別用藥以製治其性【一六五】，以少許磨酒，飲之即通身麻痹而死【一六六】，雖刀斧加之不知也，然三日別以少藥投之，即活。蓋古者華陀能刳腸滌臟治疾者，或用此藥也。聞今藥院中有二枚，此神藥也。白廷玉聞之盧松崖云。

茯苓生於大松之下尚矣。近歲村民擇苓之小者，其上用老松根一節破之，以苓之繫入其中而緊束之，使脂液濃流於内，然後擇他山土之宜茯苓者，掘深坎瘞之，至兩三年取出，則成大茯苓矣。洞霄山最宜苓，往往村民多盗種，密記之，不使人知，至數年後然後取焉。種者亦多越上人【一六七】。他日試扣識者，吾山松根似亦可用也【一六八】。

人中白者，溺盆内積起白垢也【一六九】，亦秋石之類，刮取置新瓦上，火逼令乾，温湯調服，治鼻衄如神。《夷堅志》。

徐子方患臂痛，□□孟自江西録至一方，用平胃散加丁香縮砂，服之如湯，謂有奇效。然以用藥言之，恐止去風濕耳。

汪龍溪一帖云：「去年得下血疾，年半有餘，今春誤食胡桃，復嘔血升餘。」若然，則

【一六五】製治其性　「治」原作「之」，據粤本改。

【一六六】飲之　「之」原作「人」，據粤本改。

【一六七】越上人　「上」學本作「土」。

【一六八】可用也　原作「可用此也」，據學本删「此」。

【一六九】溺盆　原作「漩盆」，據學本改。

胡桃亦不可食。

治卒中不省人事、牙關緊急，只是用蘇合香丸，旋加麝香、當門子一二錢，用好麻油調灌之，無不吐痰而甦者。洪雲若嘗服此取效，徐子方亦云然。蓋好麻油最化痰，試以麻油滴痰上，痰即化爲水。《百一方》亦載此藥，張月澗亦曾用之，作效。

菝葜煮鳧卵即紅，菝葜即金剛根也。

史亨甫治便血方：用木香、枳殼二味入猪臟中，用無灰酒煮，令極爛，去臟，以二味爲末作丸。

吴保生言：眼藥有九龍膏方，用冬青葉一栲栳，洗淨，投錫器内，用水滿煮，令色黑【一七〇】及一半起，入宣黄連十兩，洗淨剉碎，入冬青水中煎，慢火熬至僅有一盞，膠粘如餳，然後取起，重絹濾過，令極冷，入腦子二錢半，罐子内封藏，每用少許點眼。

又云：痰藥玉屑丸，用南星、半夏各二兩，白礬飛過一兩爲末，入二砂子二兩，硫黄、硝石，即來復之砂，同和如梧子大，每服五六十丸，薑湯下。

俞老醫云：「醫家怕四子：痁子瘧【一七一】，頓子嗽，擷子痢，市子疥【一七二】。」或作世子。此皆醫行市語也。

【一七〇】令色黑　原作「令黑色」，據學本改。
【一七一】痁子　原作「痞子」，據學本改。
【一七二】疥　原缺，據學本補。

卷下

陰陽算術

推閏約法云：「欲知來歲閏，先看至之餘。更查大小盡，決定無差殊。」且如明年當閏，止看今年冬至後零日，謂如今年十一月二十二日冬至，或遇小盡，則餘七日，來歲必閏七月；或遇大盡，則餘八日，來歲則閏八月。他皆仿此【一】。

蔡村中丞墳坐庚向甲，其側坐丁向癸【二】，片地可用。侍郎墳坐甲向庚。知軍墳坐乙向辛。娘子墳坐甲向庚。分金。知府墳坐卯向酉。知丞墳坐乙向申。安人墳坐巽向乾。菴墓坐卯向酉。□谷人□家山坐乙向辛。或謂有卯水入，廉貞曹云：「過宫不妨。」

甲戌之春，余病瘧，連日不出，繼聞賈丞相丁母憂而去，在朝京局皆往唁奠，送之江干。同官曾朝陽鳳問余疾，因云及此事，丞相旦夕必再來。余曰：「此公請歸之章凡十餘，今適有此，不復來矣。」曾曰：「江西一術者，其言極神，前日來，嘗扣之，云：『此人不出今年必再來，尚可濯洗一番，然自此以往，凶不可言矣。』」余深以爲不然，至秋，度宗上

校勘記

【一】他皆仿此　「他」原作「也」，據學本改。

【二】坐丁向癸　「向」原作「面」，據學本、粤本改。

升，繼而有出師不返之事，果如其言。惜當時不曾扣術者姓名耳。

壬申歲，應山在維揚制閫日，呂少保薦一降仙者，善飲，號曰「李醉」，施州人。凡有所禱，令人自書一紙，實卷之，彼以香一片令自禱自緘，書神并金紙一陌，焚於其前爐中，然後索酒痛飲至四五斗，乃濡墨大書，或草書或畫卦【三】，或賦詩詞之類，多至數十紙，皆粲然可讀。其答所扣之事多有驗者。一日應山密書扣襄樊事，醉後大書十字曰：「上下有朋來，土鼠辭天道【四】。」每字徑尺餘。至甲戌歲，度宗升遐。度宗庚子生，庚子屬土，所謂「土鼠」者也。其後又有一僧名智永者，亦蜀人，亦能降仙。其法乃以白紙一幅，令各自禱叩訖，自緘封，卓立置神几前，繼而筒紙自倒，開而視之，滿紙皆字，所答多有驗者。

鬼谷算一名隔牆算，其法先將錢不拘多少，三數數之，凡遇剩一則下七十，二則下百四十；次五數數之，剩一則下二十一，二則下四十二；又七數數之，剩一則下十五，二則下三十。總計其數，然後退一百五，或多則退二百十，之外餘者即是見在錢數也。有一詩隱括云：「三歲孩兒七十稀，五留廿一事尤奇。七度上元重相會，寒食清明便可知。」

按：此法取相乘之數也，如三則以五七相乘數倍之，五則以三七相乘之數，七則以三五相乘之數，合之得百零五。

又有一戲名二十八宿者，亦佳法。用二十八文，先於內一文置左，二文置右，令人隨意移之，兩錢歸兩，一錢歸一，仍高聲呼喝，聽其所喝聲數除十二，之外多則除二十四，餘者一則喝二，即是一邊之數。

【三】或草書或畫卦　原作「或草或畫卦影」，據學本改。

【四】辭天道　「辭」粵本作「醉」。

又有一分錢法：不拘錢多少，或五或七，任作幾堆，假如九堆、每堆三錢，則以八堆作一堆，其一堆内又以二錢歸衆堆外，其餘列成行，每堆各分以錢，可零碎逐一二錢分之，庶不覺也。其餘則尚有九錢，又總而分之，則正撞無剩餘矣。

術者云：「近世乃下元甲子，正直天市垣，所以人多好利，爲市井之行。」伯幾云：「揚州上直天市垣【五】，所以兩浙之地，市易浩瀚，非他處之比。」此説頗新。

推節氣法：但隔十五日兩時辰零五刻推之即是，假如正月甲子日子時初刻立春，則數至己卯日寅時正一刻，即是雨水節，後皆仿此。

推立春法：每年但相去五日三時辰推之，假如今年是甲子日子時立春，則明年合在己巳日卯時立春。若夫刻數，則如前法推之是矣【六】。

近世術者善記四柱。

仙佛

佛藏中有《龍王經》一卷，其實四句偈也，云：「諸行無常，一切皆苦。諸法無我，寂滅爲樂。」凡往來江湖者【七】，或遇風濤作惡，宜多書此經投之，即平息善濟。或有溺死鬼魅溪井之間，多書投之，亦得安妥。

近日諸僧有言云：「靈隱伏虎岩，演福澤雲夢。大院自住了，小院又賣弄」。

【五】上直天市垣　「直」原作「立」，據粤本改。

【六】是矣　原無，據清抄本補。

【七】凡　原作「此」，據粤本改。

佛書：五種不男，生、慳、妬、變、半；五種不女，螺、筋、鼓、角、線。此段可於藏經中更放子細，入梵語中。

伯顔丞相嘗至于闐國，有於其國中開井，得玉佛一尊，高三尺，色如截肪，照之皆見筋骨，今已貢燕。尚有白玉一段，高六尺，濶五尺，長十七步，以其重大，不可具載而來，次第必鑿爲三四段而破矣。伯幾云。

胡天放能降仙，二十年前有三舉子降仙卜前程，云：「前程事呵呵，如今只如此。向後欲如何，又常請仙箕【八】。」忽踴躍可畏，經時，書一詩云：「百戰間關鐵馬雄，尚餘壯氣凛秋風。有時醉倚吴山望，腸斷中原一夢中。」後大書一「鄂」字，人始知爲武穆也。

近日越上鑑湖天長觀有道士爲僧，獻觀于總攝所，云：「照得賀知章者，本是小人，倚托史越王聲勢，將寺改爲道院。今欲仍改爲寺。」于是徑從其說。觀者無不發大噱也。

臨平明因尼寺，大刹也，往來僧官每至，必呼尼之少艾者供寢。于是寺中專作一寮，儲尼之常有淫濫者以供不時之需，名曰「明因尼站」。謝宦翁。

夜睡咒：「《靈寶藏經》，載汝之名。汝有五鬼，名曰攝精。吾知汝的，速離吾身。太上律令，化汝爲塵。急急如太上帝君律令，勑！」臨睡時面北，叩齒七遍，朝寢無失。《平舟極山録》。

【八】又常請仙箕　「常」學本作「嘗」。

北關接待寺寺額，乃吴傅朋書，勑賜行之。院初扁甚小，其後展而大之，頗失書體。其右廉有古觀音殿，亦傅朋書。觀音銅像高丈餘，唐物也，其高壁一堵作水波，頗有洶湧意，蓋毘陵太平寺之類。其前殿即藏殿，亦舊物。外有給衆庫，石碑立于側，其文乃銛朴翁撰，姜堯章書。伽藍神佑相公，不知何神也。此寺乃淳熙間道者喻彌陀開山，嘗施水飯僧於此。地有大石井，見在，其深六丈，泉極清洌。喻有塔頭在法堂之左，題云「齋三十萬僧喻彌陀塔頭」，此余所未至，辛卯春，因送沈府判實至焉。

辛卯正月二十三日，胡天放降仙馬巫父，弋陽人，地仙，《玉華山詩》云：「玉樓雲淡曉光浮，中有飛仙駕鶴游。下界此時方熟睡，誰尋紫氣問青牛？」又：「九章八卦有玄機，東壁沉沉自落暉。萬古流芳光燄在，他年丁令鶴重歸。」又：「寸寸量來只麽休，到頭名利一浮漚。我今不預人間事，一片晴雲在玉樓。」問刊書之事何時可辦，云：「有一二君子主之，何患不成？」問何時可成，云：「只在今秋。」問幾月，曰：「九月成。」

二月初三日，降仙三茅吴真人，詩云：「深深門巷老翁家，自洗銅瓶浸杏花【九】。喚起承平當日夢，令人轉憶舊京華。」《柳杏詩》云：「岸曲紛紛已弄烟，園林點點欲爭然【十】。何人折取歸深院？兩樣風光在眼前。」鄭文選《九洞》云：「拖露摶風海嶠來，觚棱寂寂自樓臺。春光不比承平日，淚眼看花薦一杯。」張君有《看山書房吏人》云：「八千里路到杭郡，城郭人民幾變遷！惟有吴山青不改，令威何日是歸年？」《浩然齋詩》：

【九】自洗銅瓶浸杏花　「洗」原作「寫」，據學本改。

【十】園林點點欲争然　學本作「園林默默欲爭然」。清抄本「點點」作「默默」，「然」作「燃」。

「宇宙寥寥一殼中，前瞻無始後無終。可憐坐井觀天者，心境何人似此翁？」天放云：「胡君此號出蒙莊，凜凜霜蹄遍八荒。不受人間籠絡手，石龜要看海生桑【一一】。」蘭渚云：「光轉東風弄暖天，永和人物尚依然。誰憐紉佩淒涼客，倚策愁吟楚澤邊。」方武裘，莆人，潛夫之友也。壺山是舍姪信仲，今爲太陽洞主，求賦筆詩云：「貌出中山骨欲仙，何人拔穎縛尖圓？拙夫堪笑堆成塚，豪客曾聞掃似椽。窗下玉蜍涵夜月，几間雪蠒湧春泉。當時定遠成何事？輕擲毛錐恐未然。」朱瓢硯云：「烹汞燒鉛洞口泉，洞前怪石是誰鐫？藥瓢猶有餘丹在，聊贈濂溪陸地仙。」

天放請仙法：先念淨天地咒洞中元虛，次念北斗咒咒斗，又次順念揭地咒七遍，又口念揭諦咒七遍，畫符，圈内先寫「煞」字，次寫魁、䰢、魋、𩴆、魓、𩴾、魒，仍捻訣【一二】，次念四句咒，云：「我今請大仙，願降蓬萊闕，騎鶴下雲端，談風詠明月。」不絕口念之。

辛卯十二月初六日，天放降仙江寧王大圭至，詩云：「六朝盛事總成塵【一三】，結綺樓前草自春。一曲《後庭》何處覓？空留月伴倚闌人。」又問王中企今何在，云：「在冥司幽滯未化。」有詩云：「天上人間只寸心，烟花雨意抑何深！千年尚有梢頭恨【一四】，燕子樓空斷素琴。」又詩云：「繡閣朱簾半未殘，中年何事早拘攣？春風詞華時塵暗，手拂冰絃昨夢寒。」又《願如心齋詩》云【一五】：「聖門大訓已昭垂，不願于人不可施。但守寸

【一一】石龜要看海生桑　「看」原作「着」，據學本、粵本改。

【一二】畫符……仍捻訣　此段文字學本僅作「畫符畢」三字。又「符」原作「將」，據粵本改。「捻」粵本作「念」。

【一三】總成塵　「塵」原作「空」，據學本、粵本改。

【一四】千年尚有梢頭恨　「千」原作「十」，據學本改。

【一五】願如心齋詩　「願」學本作「頌」。

心如此戒，自新德業有天知。」又作詩云：「午夜沉沉坐草窗，清心消盡玉爐香。一杯滿飲乾坤窄，不待封侯入醉鄉。」

《心經》所謂五蘊皆空者，色、受、想、行、識也。

唵摩尼連哩吽撥吒，寶樓閣咒，治妖祟。

西天三藏法師金總持釋迦往生三真言，凡人死而未解脱，或沈滯不超脱者，或爲誦之，或爲書，無不應。其一曰「唵牟尼牟尼摩訶牟那曳莎賀」，其二曰「唵送啼律呢娑縛訶」，其三曰「唵唱呢律呢娑縛訶」。

《夷堅志》一卷載韓椿年於父枕中得《天童護命經》一卷，題云「梁先生所授」，凡二百九十二字，校今所行，多一百七字，且無言六破句，傳之者以禦魑魅，極爲靈驗。其文曰：「太上曰：皇天生我，皇地載我，日月照我，星辰榮我，諸仙舉我，司命與我，太乙任我，玉皇詔我，三官保我，五帝衛我，北辰相我，南極佑我，北斗輔我，三臺護我，金童侍我，玉女從我，六甲直我，六丁進我，天門開我，地户通我，山澤容我，江河渡我，風雨送我，雷電隨我，八卦尊我，九宫遁我，陰陽宗我，五行符我，四時成我，我命者我。太清玄籍【一六】，三官升降，上下往來，無窮不息。金飯玉漿，所求皆至，虚梵日月，與天爲誓。魑魅魍魎，鬼魅魁星，所求者得，所向者亨，所願者合，所爲者成。種種變化，與道合真，何神不使，何令不行？前有朱雀，後有玄武，左有青龍，右有白虎，上有華蓋，下有魁罡。神通

【一六】太清玄籍　「太」原作「大」，據清抄本改。「玄」原作「元」，徑改。

光嚴，威鎮十方，愛我者生，惡我者殃，謀我者死，憎我者亡。靈童神女，坡雅金剛，三千六百，常在我傍。執節捧符，與我同游，天上攝京，皆大吉昌。金籙玉書，二十四符，與星歷俱，急急如律令！」

《楞嚴經》有云：「因諸愛染，發起妄情，情積不休，能生愛水。是故衆生，心憶珍羞，口中水出；心憶前人，或憐或恨，目中淚盈。貪求財寶，心發愛涎，舉體光潤，心著行淫，男女二根，自然流液。」又曰：「淫習交接，發於相摩。」

金方叔諱吾，上庠人，嘗創止菴於其家，客有降仙者，忽請石曼卿至，金乃求《止菴記》，仙即書云：「山名止山，水名止水，名實相副，斯爲可記。今子之心，一日千里，吾見其進，未見其止。待子他日，明《艮》之旨，然後爲之，未爲晚矣。」此事得之下砂翟廷發館人張叔夏梅野。

后稷封於邰，七世孫古公亶父徙居岐山之周原，後因爲氏曰周。見柳文《漢原廟記》。

書史

前輩謂《史記》中蘇、張傳佳，西漢趙廣漢、東方朔，東漢馬援傳皆在其一家，爲尤工。

《頤卦》「初九」曰「舍爾靈龜」，「六四」曰「虎視眈眈」，二者正不相類，何哉？愚謂天下善養息者莫如龜，善養威者莫如虎，故聖人取斯二者以爲自養之道。今人不肖子昵昵於游蕩者，亦謂之「風子」，豈此意耶？風馬牛事，服虔注云：「風，放也，牝牡相誘謂之風。」

《春秋》襄公二十七年：「盟於宋。」衛石惡在焉。《公羊》曰：「惡人之徒在是矣。」《公羊》何以遂詆爲惡人？梁武目其臣云【一七】：「何遜不遜，吴均不均，吾謂朱异則爲异矣【一八】。」

史正志字志道，丹陽人，嘗摭自古東南用兵於西北事凡五十篇，曰《恢復要覽》，上之朝，且指張魏公之失，謂當去其輕脱嘗試之説，爲萬全之舉。

孔子以匹夫而行天子賞罰，定褒貶於一字之間，以俟後世。且當是時，諸侯卿大夫之子孫皆在，故定、哀之間多微詞，以其近也。然則體聖人褒貶之意【一九】，而功罪是非可推也矣。

借到屠存博三書。一曰《密齋筆記》，謝采伯所著，上卷有經解【二〇】、史攷、文藝之類，下卷有藥方、雜説，頗有見聞。奕脩其字也。二曰《中台志》，唐人所著，前有表稱「臣鑒」，專言宰輔之賢否，分皇、王、霸、亂、亡五道，略載各人本末。《皇道》上十人：殷伊陟、傅説，周吕望、召公，齊晏嬰、鄒忌，楚荆公子，漢曹參、陳平、周勃。《皇道》下五人：漢邴吉，後周于謹，唐魏徵、房玄齡、馬周。《王道》上八人：殷伊尹，周公，孔子，蕭何，田

【一七】梁武目其臣云　「臣」原無，據學本補。粤本無「云」。

【一八】吾謂朱异則爲异矣　「謂」學本作「得」。

【一九】然則體聖人褒貶之意　「體」原無，據清抄本補。

【二〇】上卷　「上」原作「三」，據清抄本改。

千秋，公孫弘【二一】，霍光，金日磾。《王道》中八人：顧雍，晉荀勖，孔光，鮑照，楊震，陳震，魏王朗，吴張昭。《王道》下七人：晉張華、謝安，魏古弼，宋王弘，梁范雲，隋蘇威、高熲【二二】。《霸道》上五人：齊高傒【二三】，魏吴起，鄭子産，秦百里奚、公孫鞅。《霸道》下五人：蜀諸葛亮，前秦王猛，後魏崔元伯、崔郢、高允。《亂道》上四人：秦呂不韋，後漢梁冀，晉趙王倫、桓温。《亂道》下四人：梁沈約【二四】，北齊和士開，後周宇文護，隋宇文述。《亡道》五人：梁朱异，北齊高阿那肱【二五】，隋楊素、裴藴、虞世基。此書全無義理。三曰《東軒筆記》，前卷述雜説，後卷乃其自作文，略無高論。魏泰之書既名此，今其名又同，則知此人全不曾讀書。及觀其文之紕繆者，疑爲閩人繆士急於沽名者，果三山人黄履也。又鑑堂《朝野遺事》，趙子崧所編《朝野雜事》。

十七史：《史記》，《前漢》，《後漢》，《三國》，《晉書》，《宋》、《齊》、《梁》、《陳》、《後魏》、《北齊》、《後周》共七書，《隋書》、《唐書》及《五代史》【二六】。

朱一實夫云：碧梧所集經傳書以蔡爲主，《春秋》以張主一爲主【二七】，《易》以朱、程爲主，《詩》以呂、朱爲主，二《禮》、大記、別傳諸説，史有諸史句記【二八】，自五史□上以□□年以一卷末了，又有史□。其餘著述甚多，又自著《番陽遺老傳》。梧翁六子，長端復，□孫及謝虚舟章之子也【二九】。

直齋所著書有《詩書解》二册【三〇】，《易解》，《繫辭録》，《史鈔》。

【二一】公孫弘　「弘」原作「宏」，徑改。案：作「宏」蓋避清乾隆帝弘曆諱。下「王弘」同此。

【二二】高熲　原作「高穎」，據學本、粤本改。

【二三】齊高傒　原作「齊和高」，據學本改。案：高傒，齊国上卿，襄公死後迎立公子小白为君，即齊桓公。

【二四】沈約　學本作「侯景」。

【二五】高阿那肱　「肱」原作「眩」，據學本、粤本改。

韋居所著《九流抄》乃分雜文、雜事，各分九流。《聽輿》二册及近世諸人出處小傳，如温公《綱目》然【三一】。上標題《禮記》亦有集解、節録之類。又有《格菴》一書及本朝中興後事極詳。韋居有詩話，□家乘，沈明遠有《南北國語》。

乙丑八月借到《聽輿上書録外抄》一帙【三二】，《畢作》五，詩話一【三三】，《易解》三，《易繫》一。

韓維主一云：其父維則有批注《孝經》甚詳，及有批點《詩》、《書》、《易》三經及有故事數項。又言越中有張景倩號雲所，乃樗寮之姪，有雜書名《率爾録》【三四】，多至二三十册，無所不備。又有《覆華編》，載甲戌以來雜事甚詳。其家朝報甚齊整，但恐不借耳。

子昂云：高恥堂有《易説》、《詩書解》之類，尤好。

借到屠存博《穆參軍集》，祖無擇作序，凡三卷，京本。又《朝士談》十卷，李石撰，皆朝廷故事也，然亦無甚高論。

姚子敬處有《恥堂易膚説》，又有《增損杜佑通典》，甚佳。其家只有一本，恐難借出。又有唐仲友《兩漢精義》，有陳本齋《詩話抄》，直齋《書傳》，雪林《詩窠糾繆》。

庚寅八月初三日，陳無逸云：恥堂有所著《徽宗意録》一書，甚好。《三卯録》、《恥堂詩説》、《易解》，本齋所抄《本朝帝紀》，所脩國史五十餘卷并志，理宗朝朝報一厨，欲借度宗一朝。恥堂家有《續通典》，甚佳。在恥堂家《直齋書解》、《秀岩全集》及詩抄之類

【二六】十七史……五代史　此條所列書名及數目前後有牴牾，今仍其舊。案：前列書目共十二種，再加後三種，實爲十五史，顯與「十七史」不合。若《唐書》及《五代史》指新舊二史，則其數爲十七，但文中未明示。

【二七】張主一　原作「張圭一」，學本作「張洽」。案：張洽（一一六一—一二三七），字元德，號主一，從朱熹學，著有《春秋集注集傳》。今據以改。

【二八】諸史句記　「記」原空缺，據學本補。

【二九】□孫　空缺字學本作「捉」。

【三〇】詩書解二册　「詩」原作「言」，「二」原作「一」，據清抄本及學本改。

【三一】如温公綱目然　「如」原無，「然」原空缺，據學本補。

【三二】聽輿上書録外抄　「上」原作「尚」，據學本改。

【三三】詩話一　「一」原無，據學本補。

【三四】卒爾録　「爾」原作「以」，據學本、粵本改。

【三五】國史　「國」原缺，據學本補。

【三六】六十枚　「六」學本作「二」。

可惜。

余向聞李獻可自號雙溪，國史云【三五】：昔者李仁父爲《長編》，作大木櫥十枚，每櫥作抽替六十枚【三六】，每替以甲子誌之，凡本年之事應有所聞，片紙必歸本匣【三七】，却就每匣分月日先後，次第井然有條，可爲法也。

王聖予嘗輯《對苑》一書，甚精，凡十餘册，止於三字，如獅子橘、鳳兒花、接脚夫、開口奶、面花牙藥之類。

《尚書》竄四凶云：「流共工於幽州，放驩兜於崇山，竄三苗于三危，殛鯀於羽山。」或謂鯀有汨陳五行之罪，共工觸不周而折天柱，三苗有不率教之罪，特不知驩兜以何罪而同罰。或解云：鯀乃驩兜所薦，以其所薦非才，故同此罪耳。師道云不知出何書。

《孟子》「馮婦搏虎」一章，聞元莊云【三八】：有一家以「晉人有馮婦者，善搏虎，卒爲善士則之」斷句，後之「攘臂下車，衆皆悦之，其爲士者笑之」與前相對，亦自有義。

賈師憲嘗刻《奇奇集》，萃古人用兵以少勝多如赤壁、淝水之類，蓋自誇其援鄂之功也。又開《全唐詩話》三帙，蓋即唐《本事詩》中事也。又嘗自選本朝十三朝國史及會要【三九】、雜説中事，如《類説》例爲百卷，名《悦生堂隨抄》，版雖刊，未及印，其書遂不傳，其所援書多有目所未見者。廖羣玉諸書則始於景開《福華編》，備載江上之功，雖誇張過實，然文字古雅，頗奇可喜。江子遠、李祥文諸公皆有跋。其後開《九經》，凡用十餘本對定，各委本經人點對；又圈句讀，極其精妙，皆以撫州單抄清江紙，造油烟墨印刷，其裝飾至以泥金爲籤。然或者惜其删略經注爲可議耳。所開韓、柳文尤精好，又節二《禮》本傳以便童蒙習讀者【四〇】，亦佳。又開《文選》于建寧，其後又欲開《戰國策》及《注坡詩》【四一】，以海陵顧注爲祖而益以他注，未暇入梓，而國事異矣！

昔人有言韓退之《送李愿歸盤谷序》雖備言官爵、侍御、賓客之盛，皆不過一二句而止，於稱聲色之奉則云：「曲眉豐頰，清聲而便體，秀外而惠中，飄輕裾，翳長袖，粉白黛緑者，列屋而閒居【四二】，妒寵而負恃，爭妍而取憐。」至累數十言，頗以此譏退之。然予以爲豈特退之爲然，如宋玉《招魂》「高堂邃宇」、「翡翠珠被」【四三】、畋獵之類亦不過數語，至於：「蘭膏明燭，華容備些；二八侍宿，射遞代些。九侯淑女，多迅衆些。盛鬋不同制，實滿宮些。容態好比，順彌代些。弱顔固植，謇其有意些。姱容修態，絙洞房些。蛾眉曼睩，目騰光些。靡顔膩理，遺視矊些。離榭修幕，侍君之閒些。」又曰：「美人既醉，朱顔酡些。娭光眇視，目曾波些。被文服纖，麗而不奇些。長髮曼鬋，豔陸離些。二八齊容，起鄭舞些。」以至：「吴歈蔡謳，士女雜坐，亂而不分些。」又《大招》亦云：「朱脣皓齒，嫮以姱只。比德好閒，習以都只。豐肉微骨，調以娱只。」「嫮目宜笑，蛾眉曼只。容則秀雅，穉朱顔只。」「姱脩滂浩，麗以佳只。曾頰倚耳，曲眉規只。滂心綽態，姣麗施只。小腰秀頸，若鮮卑只。」「易中利心【四四】，以動作只。粉白黛黑，施芳澤只。長袂拂面【四五】，

【三七】片紙必歸本匣　原作「凡片紙必歸本匣」，據粤本删「凡」。

【三八】聞元莊云　「聞」原作「開」，據學本、粤本改。

【三九】自選　原作「自撰」，據學本改。

【四〇】二禮　原作「一禮」，據學本改。

【四一】注坡詩　原作「蘇東坡詩」，據學本改。

【四二】列屋而閒居　「屋」原作「坐」，據學本及韓愈文改。

【四三】翡翠　原作「翠翹」，據學本及《招魂》改。

善留客只【四六】。」「青色直眉，美目媔只。靨輔奇牙，宜笑嫣只。豐肉微骨，體便娟只。」皆累百餘言，極其摹寫女色燕婉之盛，是知聲色之移人古今皆然，不特退之之言也。《碩人》之詩曰：「巧笑倩兮。」注曰：「好口輔也。」《大招》述婦人之美亦有「靨輔奇牙」之語，可謂善於形容。後人雖極形容女色，乃不及於口輔，何耶？輔即俗所謂笑靨是也。癸巳九月觀《楚辭》戲書，爲退之解嘲。

癸巳十月借君玉買到雜書：僧贊寧《要言》三卷，寫本如蔡邕《獨斷》皆事物，《雲齋廣録》十卷，北本，小記靈怪，內有《四和香》及《豪俠張義傳》、《洛陽古今記事》、王正倫《河南志》之類。《充齋視聽鈔》三卷，國子博士吴萃商卿，湖州人，乾淳間人，多言霅中事。《景雲天祚永歸録》【四七】，所言睿宗龍飛先兆，大曆間蕭時和撰。《貞陵十七事》，唐令狐澄纂，言宣宗聖德十七事。《甘露記》言王涯「甘露」之禍。《乙卯記》，太和九年唐李潛用撰，亦説「甘露」之事，其言不公。

《後漢書·列女傳》凡十七人，《晉書·列女傳》凡三十四人，《南史·孝義傳》十三人，《北史·列女傳》凡三十四人，《隋書·列女傳》十五人，《舊唐書·列女傳》三十人，《新唐書·列女傳》四十七人，共一百九十人，皆后妃、母妻，女子獨有苻堅妾張氏一人而已，豈妾以賤不得書耶？抑無人耶？然即今之妾能守節義而死者，尤爲可書矣。

《易》爻詞內難解者，如「先號咷而後笑」，「公用射隼於高墉之上」，「見豕負塗，載鬼

【四四】易中利心　「利」原作「和」，據學本及《大招》改。

【四五】拂面　原作「佛面」，據學本及《大招》改。

【四六】善留客只　「客」原作「容」，據粤本及《大招》改。

【四七】景雲天祚永歸録　「雲」原空缺，據粤本补。

一車，先張之弧，後説之狐」之類甚多【四八】，諸儒堅欲以理通，或以互體象言之，愈鑿愈遠，不通。以余鄙見觀之，此正如今時劉樞幹等卦影一般，或一人射雁，一人射鹿，一婦人哭，一男子笑，一舟遇風，一屋側仆，在一時雖卜者亦不能解，俟至異時【四九】，則其説遂驗。蓋得此卦及爻，則有此象，占者吉凶寓焉，豈區區可以理推哉？此余之繆見如此，特不知前輩曾有與余同此見否？漫書於此，當與前輩訂之。《繫辭》云：「聖人立象以盡意。」又曰【五〇】：「易者，象也；象也者，像也。」用此「像」字，其意曉然。甲午夏玩《易》書此。

晦菴《語録》云：「某作《易本義》，欲將文王卦辭只大綱依文王本義略説，如此乃不失文王本意，至其所以然之故【五一】，於孔子《彖辭》中發之，但今未暇整頓耳。」向見老儒括蒼葉先生大慶云：「晦菴此語似乎不滿孔子《彖辭》之意，別欲与文王重作《彖辭》，無奈孔子已作耳，故不得已言卻於孔子彖辭發之耳【五二】。晦菴聰明全當，古人説話無一個中他意，雖孔子彖《易》之辭亦不然之也。可笑此語已聞之五十年。」

《井》「九二」：「井谷射鮒。」《易傳》或以爲蝦，或以爲蟆，程沙隨以爲蝦蟆，朱子發以爲蛙【五三】，程明道以爲蝸牛。考之《韵》：鮒，扶句反，即鯖魚【五四】。然鯖、鱭、鯽三字並同子亦切，注云：「鮒也，蓋今之鯽魚耳。」《莊子》「涸鮒」亦以爲鯽魚。然今有魚如鱠而四須，巨口，善食水蟲，故人家井中多畜之，俗呼爲彈魚，得非《井卦》所指者乎？

【四八】後説之狐　「説」原作「脱」，據學本及《易·睽》改。

【四九】俟至異時　「俟」原作「自」，據粵本改。

【五〇】又曰　原作「經又曰」，據學本刪「經」。案：下引文出自《易·繫辭下》，非經文，故刪。

【五一】至其所以然之故　此句原在「依文王本義略説」下，今據粵本改。

【五二】不得已言　「得」原無，據粵本補。

【五三】蛙　粵本作「蛭」。

【五四】即　原無，據學本補。

衛山齋云：「鄉先生言『《關雎》，后妃之德』，注家皆以爲夫人，似非也。蓋后即君也，妃乃夫人。以夫人爲后，乃自秦始然也。」當攷。

《渙》之爲卦，「坎下巽上」。坎，水也；巽，木也。卦辭則曰：「利涉大川。」彖釋之曰：「乘木有功。」蓋取巽木之象明矣。然而大《象》則曰：「風行水上，渙。」何也？余以管見窺之：蓋乘木之有功，非風行水上則乘木恐不能有其功焉。今夫萬斛之舟，十幅之帆，頃刻千里，非風水使之，何以奏利涉之功哉？此義前輩未有發之者，姑書以叩知者【五五】。

《易》有聖人之道四焉。王輔嗣云：「三存一，於道闕矣。」晦菴知其爲法，所以《本義》注啟蒙多以卜筮言之，然知其爲卜筮之道而言之則可，使雖知其爲卜筮而不知其所以爲卜筮之道，而復以理天下言卜筮，則亦何異乎同浴而譏裸裎乎【五六】？

伊川不滿於宣仁，故注《易》有云：「臣居尊位，羿、莽是也，猶可言也。婦居尊位，女媧、武后是也，非常之變，不可言也。故有『黄裳元吉』之戒【五七】。」其實用此寄意耳，前輩亦嘗言之矣。然胡明仲作《諸史管見》論武后革命，則特舉此語以言之【五八】，蓋不悟其本有所謂也。及毛伯玉圭《易傳》乃大闢其非，曰：「甚矣，正叔之陋也！臣子於君父皆陰也，羿、莽是已【五九】，何必專以女媧、武后當之？必以婦人爲陰，此必兒童之見耳。況女媧事不經見，若武后之變，固未甚於羿、莽也，而謂彼猶可言，殆有胥吏舞文之態。胡

【五五】以叩智者　「叩」原作「諗」，據学本改。

【五六】何異乎　「乎」原無，據學本補。

【五七】故有黄裳元吉之戒　「故」原作「惟」，據學本及程頤《伊川易傳》卷一改。案：《伊川易傳》此句作「故有黄裳之戒」。

【五八】則特舉此語以言之　「特」原作「即」，據學本改。

【五九】羿莽是已　「已」原作「也」，據學本改。

明仲宗主程氏，一至於此，得無所見偶同耶？抑私其所主耶？」欒正子輿謂公子牟曰：「子以公孫龍之鳴皆條也，設令發於餘竅，子亦將承之乎？」晦菴明知此語有爲而發，乃故宛曲爲之説曰：「伊川舉武氏、女媧之事，看來要入議論，教人向别處説。此文何曾有這義，都是硬入這意，所謂欲蓋彌彰也。」

陳本齋端明云：「一部《晉書》，其間只是以《世説》分入，又改易得言語不佳，且入許多閒文字在内，可謂冗長，止有《載記》差勝耳。」嘗手節《載記》爲一書，方欲借抄本出，而公已仙矣。

陳本齋、馬碧梧、高耻堂、陳聖觀，自世變後極意經史，著述甚富，而手抄之書日以萬字，有類日課，蓋閒中無以消憂故也。本齋抄佛書尤多，如《華嚴經合論》、《楞伽》等經皆嘗鈔之。

圖畫碑帖續鈔

余家有《墨粧圖》，不知所出，後見後周宣帝傳位太子，自稱「天元皇帝」，禁天下婦人不得施粉黛，自非宫人皆黄眉墨粧，方知所出。

《絳帖》第九卷《大令書》一卷，第四行内「面」字右邊轉筆正在石破處，隱然可見。今本乃無右邊轉筆，全不成字，其「面」字下一字與第五行第七字亦不同【六〇】，又第七行

【六〇】下一字　「字」原作「行」，據學本改。

第一字舊本行書「正」字，今本乃草書「以」字，筆法且俗。以此推之，今之所見多非舊本。王逸少《禊帖序》文章妙天下而不得入《文選》。米書筆妙天下今古而不得列於官帖【六一】。

圖畫對面稍熟，似覺厭足，則別展挂，行步徙倚玩之，忽漫驚目，更有新意。余家所藏甚鮮少，由此常若多畫：劉斯立學易堂語【六二】。

韓退之《送高閑上人序》云：「張旭善草書，不治他伎，喜怒窘窮，憂悲愉佚，怨恨思慕，酣醉無聊不平，有動於心，必於草書發之【六三】。」

衡州有華光山，其長老衆仁能作墨梅【六四】，所謂「華光梅」是也。

王井西收得唐時古書一册，名《文思要覽》，今在伯幾家。按察劉大使君玉家有智永《千字文》真跡【六五】，首尾全，奇物也。

子昂云：作畫繃絹法，用雪糕細細撚碎，湯泡開用之，既不霉，又牢而不脱，勝於麪糊多矣。

黏經縫用生糊，乃是用生豆研極細，以水生調粘之，即不用熟者。此與金蓀壁所傳背書用小粉熟作糊爲熟糰用，既不霉，又堅牢，且不爲蝸蟲所傷，極佳。

乙丑六月廿一日，同伯幾訪喬仲山運判觀畫：吴道子《火星》。智永真草《千文》，有「永興節度使」印及韓侂胄印。李伯時《女孝經》，伯時自書，不全。胡瓌《番騎卓

【六一】米書　「米」原無，據學本補。

【六二】學易堂語　「語」學本作「記」。

【六三】必於草書發之　「於」原作「以」，據學本及韓愈文改。

【六四】衆仁　通行作「仲仁」，蜀僧超然，住衡州華（花）光山（一説寺）。

【六五】千字文　「字」原無，據學本補。

歇》，極妙。　郭忠恕《飛仙故實》，界畫粗而山水佳。　董元《山水》。　巨然《溪山》，下有一舟四人撐，绝好。　王維《維摩象》，其像如生。　李思訓《溪山》，滿山皆小樹，甚奇。　張萱《彈琴宮女》。　僧貫休《羅漢》。　衛賢《高士》，上作楚狂接輿，下作伯鸞、孟光【六六】，绝妙。　張符《牧牛》。　大抵皆宣和御府之物，有宣和御題及「宣和」、「大觀」印及「睿思東閣」大印。　其後入大金章宗朝，或剪去舊印，用明昌印：「明昌御府」、「明昌中祕」、「明昌珍玩」及「明昌御覽」大印。　軸桿皆用檀香四合而成，蓋恐木性不直故也。贉卷皆高麗紙，内數軸後有「大金密國公樗軒收附」題字。　又於案間有一石研屏，其山横山如黛，山下有樹木，儼然米南宫著色畫也，竟莫知何石。　汝窰一小爐，一奩，一瓶，極佳。　靈壁一山，亦佳。

焦經歷達卿有三寶：其一孫過庭《書譜》真跡，上下兩卷；　其二王逸少《十七帖》真跡五紙；　其三「不出户琴」一張，其品在「御府春雷」之上，不輕以示人也。　余嘗在伯幾家見《書譜》，宣和御題，用皁綾褾首【六七】，檀香貼桿，白瑪瑙簪頂軸，高麗紙贉卷，黄夾羅囊，檀香小牌，皆當時物也。　後有御府大璽及前輩數印，甚奇。

伯幾所收右軍与桓温薦謝公真跡一幅，乃用繭紙，字輕清，不類右軍書，後有柴瓘駙馬跋，乃楊和王府中物也【六八】。

《文思博要・帝王部》一卷，唐類書也，所引書内《蓟子》、《慎子》、《尸子》及《三略》、

【六六】孟光　「光」原作「充」，據學本、粤本改。

【六七】褾首　原無，據清抄本補。

【六八】府中物　「中」原無，據學本補。

《陰符》及《文選》内諸事皆在焉。又有《蘇子》數書，不知何人，皆古書也。天寶十二年楷書「臣胡山甫書」【六九】，字極遒麗，大率如唐人寫經手。至唐大中年間方自館中雜書中揀出，是時亦止存一卷而已，卷後用史館新鑄印及列掌典之人及三校姓名甚整齊。贉卷皆紹聖間人題跋，如蔡元長、周美成、晁説之、薛紹彭諸人皆在焉，内有歷下周子默，不知何人，恐是吾族，亦未可知也【七〇】。王子慶物歸之張可與。

又有吴彩鸞書《切韻》一卷，其書一先爲二十三先、二十四仙，不可曉，字畫尤古。

己丑閏十月二十一日至王子慶家，見周昉臨六朝人《天宫寺》甚妙。李成《寒林》一幅奇絶，下有碑，乃《看碑圖》缺其半，題云「李成畫樹石，王崇畫人物」，人物則不復可見矣。喬仲山透光鏡，《博古圖》有之，乃六朝時物，非漢鏡也。霍清夫云：「火浣布乃北方石炭之絲撚而織之，非火鼠鬚也。按：石炭即煤，豈能成絲？今保定縣有不灰木，其木筋土人往往以之拭几，投火爐中，油膩即脱而木不損，以之成布，或然。

王子慶嘗得李唐所畫《晉文公復國圖》一卷，本有上下兩卷，今止有上卷，乃思陵御題，上有「乾卦」小璽，下有「希世藏」小印，其所作人物、樹木之類，絶似伯時所作，自成一家，信知名下無虚士，而予前此則未見也。今歸喬仲山。

王介石有東丹王贊華所畫《番部行程圖》，前有道君御題，後復有題云「世所謂東丹王者也」，所畫絶妙，與王子慶《西域圖》相伯仲。又鄆王題唐人臨六朝人畫「七賢」，宗子

【六九】天寶十二年楷書　「天寶十二年」清抄本作「天寶十年二月」。「楷」原作「揩」，據學本改。

【七〇】亦未可知也　「亦」原無，據學本補。

公儺畫魚一卷。丁晞韓字令子畫《孝經》一卷，書畫皆精妙，後有元暉跋，未見跋尾，則以爲伯時作。紙畫四片絶佳，王子慶以爲吴元瑜、王詵臨小李將軍山水。高麗紙上畫翎毛、梅花亦佳。

景定中發冢盛行，有盗發向各冢者【七一】，其棺上爲木替，所貯皆法書名畫，甚多。時董正翁楷爲公田分司，得其《蘭亭》一卷，真定武物也，後有陸放翁諸公跋，其精神透出紙外，與尋常者絶殊，正翁極寶之，然爲尸氣所侵，其臭不可近，雖用沉腦薰焙數十次亦不盡去。或者以爲檀能去尸氣【七二】，因以檀香函貯之，惜爲庸工裁過短，傷於所謂「金龜玉兔」八字云【七三】。

王介石家有唐《劉良娣告》及咸通中吴通微所書《莽贊》【七四】，告字體極佳，米南宮有跋。又有江南《賜周用卿詔》【七五】，用書詔之印。又有東坡書蔡君謨二小詩，及杭妓周韶能小詩【七六】。蘇子容過杭，韶求脱籍，子容令即席賦詩，有云：「開籠若放雪衣女，長念觀音般若經【七七】。」籍中皆作詩爲送，内有胡楚、龍靚二妓者詩最佳，此不知《志林》中有無。又有米老自畫《東山朝陽岩海岳菴圖》，率意而寫，極存天趣。海岳菴西朝陽岩背焦山，其側有早來堂。其後自書《海岳菴賦》并五詩，筆意墨色奇絶，佳物也。又有李建中一絶句，有云：「鶯已無聲花已老，誰知三月盡頭時？」亦佳句也。

七月二十五日訪王子慶，見御題邊鸞《海棠》【七八】，一枝上有一蝶。伯時白描《于闐

【七一】有盗發向各冢者　「各」原空缺，據學本補；「冢」原作「家」，據粤本改。

【七二】或者　原作「或教之」，據學本改。

【七三】傷於所謂金龜玉兔八字云　原作「殤於所爲今□□□八字云」，學本作「傷于所謂金元黿八字云」，今據學本及清抄本《雲煙過眼録》（南京圖書館藏丁丙過録乾隆己卯丁敬身舊抄本）改補。

【七四】吴通微　學本作「吴遜徽」。

【七五】周用卿　學本作「周惟簡」。

【七六】杭妓周韶能小詩　學本無「小」字。「能」字蓋衍。

獻師子圖》，後有伯時自跋一段。李建中古篆書《風后廟碑》一卷，甚佳，乃王駙馬家物，上有数印甚佳。王詵本字晉卿，今印文乃用此「進」字，此二字必通用故也。又一印文曰「晉卿珍玩」乃作卍字

，此樣式前所未及見也【七九】。又于一卷中見有人用《保母帖》中曲水硯樣，内作古篆，此亦好奇之士也。

牛僧孺《太湖石記》、《觀瀾文》，艮岳石名也，《雲谷雜記》、《涉獵章》及《石譜》等作一則。

張漢卿作《歸去來》，批印紙。《夷堅志》，淳熙三年。《雲谷雜記》、《涉獵章》，劉漫堂，亦批印紙。

徐鉉有哭南唐後主詩，又有李煜墓碑【八〇】，並載言其不忠于舊主則無從敬於新主之意【八一】。

僧元靄畫太宗小本御容，舒卻幞頭，上插花五六枝，衣金龍袍、玉束帶，描金龍軟鞋，手持毬杖弄毬，神采英武重厚，真天人也。上下有題字，此必天章閣本也，藏王子慶家。

辛卯六月十三日，偕郭北山祐之細觀書畫於鑷子井提控家【八二】，畫之佳者有吴道子《藥師佛》，絶佳。其次粉本《坐神立天王像》，有「劉大年收藏」題字，仲元收附。《真一天師像》古甚，右手持章函，前后植二劍，筆墨工甚。又《善神立象》二軸，皆吴生筆也。

【七七】開籠若放雪衣女長念觀音般若經　學本作「籠中若放雪衣女，多念阿彌陀世尊」。

【七八】邊鸞　「鸞」原空缺，據粵本補。

【七九】前所未及見　「所」原作「此」，據學本改。

【八〇】李煜墓碑　學本作「李煜墓誌銘」。

【八一】並載言……新主之意　學本作「爲舊君諱過見其忠於舊主之意」。

【八二】偕　原無，據清抄本補。

畫上各有尚書省印及祕書省印，蓋宋祕閣物也。其次有李成《風雨圖》一幅，奇甚。董元着色山水一卷。陳閎畫馬。餘品頗多，然皆不能如上數種。書之佳者：右軍《得告帖》真跡，《快雪帖》真跡。趙摹臨《蘭亭》真本，乃李山房家藏，縫有「五世」印，後有「山房李常公擇」長印；及梁人臨《重告》等五帖，率更碧紙行書《詠陳後主詩》及臨帖二，以爲真【八三】，然亦未必也。褚河南小楷《西昇經》奇妙。徐浩《寶林寺詩》真跡。又率更書《仲尼夢奠》一帖，元勤有故物。《蘭亭》一，極精神，陳德翁家本，定武真本無疑。《汝南公主墓志》真本，虞書，後有米跋。唐琴一，名「万壑松」，極清實可愛【八四】，餘者不能悉記。

司德用家王維《捕魚圖》，单幅小直軸，徽宗題，前有雙龍員印【八五】，後有「大觀」、「政和」二璽，上作岡阜、古木數株，枝梢全似李成者，亦有數舟攔溪打魚，人物甚佳。

郭祐之家藏李成《寒林》二軸【八六】，有「丁卯營丘李成」題字，古木虬枝，而其下水乃作濺泉，疑非李成筆也【八七】。張藻《松泉漱石》一手卷，高宗御題，前後印並全。藻本名璪，又名通，唐人，與畢宏同時，雖舊，然無奇處。公權《權然律大尹帖》【八八】，佳。真卿《得告帖》，率更《夢奠帖》，本中齋物。小李將軍著色山水小片，佳。「万壑松」琴一張，亦清妙。

辛卯十二月二十五日，司德用以所有畫十一軸見示：李成四單幅；吴道子《火星》一，徽宗御題；右丞《捕魚圖》，明昌七印；王端人物，宣和一印【八九】；伯時《維摩》

【八三】以爲真　「真」原空缺，據學本補。粵本作「斷」。
【八四】清實　「實」學本作「寶」。
【八五】雙龍員印　「員」學本作「圖」。案：「員」通「圓」。
【八六】二軸　粵本作「一軸」。
【八七】疑非李成筆也　「非」原作「即」，據學本改。
【八八】權然　「權」字原空缺，據學本補。
【八九】宣和一印　「一印」原無，據清抄本補。
【九〇】又　原作「人」，據學本改。
【九一】勘書圖　「書」粵本作「畫」。

白描；湯子昇《鑄鏡圖》作獰鬼屠龍殺虎，甚雄偉；傅古《龍》。

除日又以十四軸來觀【九〇】：尉遲乙僧《天王小像》，郭祐之物，好。胡環《啖鷹圖》，元伯幾物，絕妙。張萱《乳母抱嬰圖》，佳。韓滉《歸去圖》，雙牛佳，躑躅、孔雀平。《勘書圖》【九一】，元康二印，平。范長壽《醉道士圖》，好。丘文播《渡水僧》，弱；《擊壤圖》，古。盧楞迦《羅漢》【九二】，古。居采《鷹》只有一鷹【九三】，係外來。王鮒馬《長江遠岫》，平，北方之物。楊庭光《大力菩薩變相》【九四】，雄偉。

壬辰正月初三日，訪張受益謙家，出畫數種見示：唐人畫《歸去來》三幅一軸，即米南宮《畫史》所載者。范寬三幅，又《雪山圖》雄偉可喜。寶覺大師《鶴》二軸，即米老《畫史》中所載者，或云薛稷畫【九五】。艾宣《萱草》甚佳。《孔雀》雙幅二軸，唐畫。《三官》，元王子慶物，唐畫。《阮孚蠟屐圖》，絕妙。張萱《戲貓士女》，妙。千里着色山水三幅【九六】，平。周昉《揮扇圖》小軸，高宗御題「絕品」。鄧隱白描《十國圖》，後有「劍南樵子趙昌」押字，跋雖太古，文播所不及【九七】，後尤延之有跋，亦秋壑之物，聞是吴奉差之物【九八】，描法甚奇。三幅董元山水，二軸蕭散，不類董畫，不知何以知爲董也。

正月收燈夜，張齊卿偕尤曾五官人【九九】、□西牙人者來，攜至畫凡廿八軸，內有仲元《四老圍棋》，高宗御題，絕妙。顧愷之《水閣對弈》，亦自古，無御題，皆歸受益。周文矩《繡女》，寧宗御題，亦佳。又《古木》一幅【一〇〇】，自謂荊浩，然雖高古，不知何人也。胡

【九二】 盧楞迦　「盧」原無，據清抄本補。案：盧楞迦，吴道子弟子，見张彦遠《歷代名畫记》卷九。

【九三】 居采　原作「居策」，據清抄本改。「居采」蓋即黄居宷，黄筌季子，仕後蜀，後歸宋，擅畫花竹翎毛。

【九四】 楊庭光　原作「楊光庭」，據清抄本改。案：楊庭光與吴道子同時齊名，擅畫釋道人物，見《歷代名畫記》卷九。

【九五】 薛稷畫　「畫」原無，據清抄本補。

【九六】 三幅　原作「一三幅」，據清抄本删「一」。

環《坐馬》，平。黃筌《牡丹》，後有「奉華堂印」、「瑞文」二印，劉娘子物也。《過海天王》好，王齊翰，平，聞尚有之。

近見德用范寬卷子《雪山》，後有遠山重疊。董元卷子《千岩萬壑》，下有小屋村市，市中有小人物裝點，絳色，不類尋常所見董畫，然亦自好。又荊浩山水一軸，所畫屋檐皆仰起而樹石皆粗率，與前尤曾五者一般無少異【一〇一】，以鄙意觀之，恐非荊浩也。易元吉雙孔雀、一槲樹尤佳，上有鵪鴿黃鶯，木内有栗鼠，下有雙孔雀【一〇二】，元王井西物也【一〇三】，據有來，恐非易筆，有院體。又宣和末畫人趙林所作《豫章逢故人》雙幅，凡四大船、一小船，遠見豫章城郭，雖甚精，然不過院畫耳。《阮孚蠟屐圖》，孚中坐，上裸，下止單犢鼻，手執雙屐，傍一人侍立，手持貂尾并冠，蓋孚所戴者。有書匳【一〇四】，匳中書五卷【一〇五】，盂一，盎一，一尊在側【一〇六】，恐是六朝人畫也。受益者是立軸。

高彦敬處周文矩《韓熙載夜宴圖》，紙本，長七八尺，前有蘇國老題字，内有題「不如歸去來，江南有人憶」十字，後又有蘇題識：「神筆絶妙，此方是文矩真跡也。」此是大藏庫物，監賣張運副者示予【一〇七】，向見沈和菴有此，恐即此物。後歸王子慶，今歸趙左丞矣。

受益以米帖數册來觀，詩文爲類，手簡則别册。聞是韓平原故物，中間多題魏公園池詩，各有「閲古」、「珍玩」大印，後屬之史衛王家。凡如此五六十册，一一精好，亦近世難得之物。又李西臺《新竹詩》一卷，後有蘇子美跋，乃賈平章物，皆奇品也。按：《玉照新志》，米帖十二卷，此云五

【九七】文播　原作「又播」，據清抄本改。案：「文播」即上條所載之「丘文播」。

【九八】吴奉差　「奉」原作「奏」，據學本改。

【九九】尤曾五官人　「曾」學本作「雲」。

【一〇〇】又古木一幅　「又」原作「一」，據清抄本改。「木」原作「本」，據粤本改。

【一〇一】與前尤曾五者一般無少異　「尤曾五」學本作「所見」。

【一〇二】下有雙孔雀　「下」原無，據學本補。

【一〇三】元王井西物也　「也」原無，據學本補。

六十本，恐有誤。

張性之以徐熙《芙蓉》一軸，欲十定，衛賢《騾鳴圖》一片，欲二十千【一〇八】，趙昌《小折枝芍藥》、《萱草》兩片，欲十千，皆謝立齋子如翁物也。不及酬價，還之。

受益以米老家書一册來觀，有与友仁者，有与寅哥者，花押兩樣，畫手殊不可曉。片紙在後，所謂「虎兒」者即友仁。

壬辰三月望至受益家【一〇九】，見黄字一卷，每字徑六寸許，奇甚，後有「覽古堂」印，亦楊氏物，後歸之賈。《櫻桃》、《枇杷》二片，云是趙昌紙本。因遣人同往前松江鎮守張萬户處，出五手卷：王維《渡水僧》，高宗御題，絶妙；顧德謙《乳牛圖》，徽宗御題，凡三牛、二犢、一牧兒，奇絶；陶縝着色小窠菜，凡二十種，上題「金陵陶縝筆」；馮覲《層巒疊嶂》，亦佳品；獨崔白《五禽圖》未爲佳。皆悦生堂物，各有印章及「台州抵當庫」印【一一〇】，其間有一印云「賢者而後樂此」，甚可喜也。

德用有閻立本畫《西旅貢師子圖》【一一一】，甚佳，師子黑色，類熊而猴貌大尾，殊與今時所畫獅子不同【一一二】。彦敬云：「正與近日所貢者同，特無此大尾耳，亦有白色者。」伯幾云：「太平州有開本《瘞鶴銘》，然不知與舊本何以爲别【一一三】，當續問之也。」又云：「《孔子廟堂碑》，京北府無裂者乃佳【一一四】。」

壬辰四月十日，偕修竹訪月澗，出御府所藏《蘭亭類考》十册，凡百餘種。高宗臨《十七

【一〇四】有書匳　「匳」原作「簾」，據學本改。下同。

【一〇五】書五卷　原作「五書卷」，據學本改。

【一〇六】盃一盏一一尊在側　學本作「酒一盏杯一尊在側」。

【一〇七】示予　「示」清抄本作「售之高」，若據此，則「予」字屬下。

【一〇八】欲二十千　「欲」原無，據清抄本補。

【一〇九】至受益家　「家」原作「所」，據學本改。

帖》，内一帖後有跋。有一琴，色如桐葉，玉鶴一隻【一一五】，并玉岳山瑟，瑟徽内有字模糊，唐琴也，名聲振天地，彼不甚愛重，外有玉軫足一副，甚佳，而琴平平【一一六】。

是日同訪郭祐之，出三天王畫：一吴道子紙粉本，僅盈尺而作十一人，凡數千百筆，繁而不亂，上有題字云「曹仲元臨吴生畫本【一一七】」，見者皆以为絶妙【一一八】。徐易印，徐白篆字收附及陸永年印。一尉遲乙僧《坐神》，神彩飛動。一三幅朱繇《立神》、《奇鬼》、《天女》【一一九】，奇詭之至，皆精品也。又吴生《藥師佛》小幅，有「祕省」、「尚書省」印。又《善神》二小幅，亦祕省物，有官印、省印，恐非吴筆【一二〇】，然亦唐畫也。張璪《松石》，高宗御題作「張也」。許道寧雙幅山水，内一《華山圖》。羲之《快雪帖》【一二一】，後有米小字跋：「《旦極寒帖》亦只是唐臨。」趙摹《蘭亭》、《千文》各一卷。陶弘景《畫版帖》【一二二】，見《東觀餘論》。虞世南書《汝南公主墓志》【一二三】，真跡，極佳。唐臨王書二帖，字體頗嚴毅。閻王維畫孟浩然像亦歸之。又董元着色山水，不及吾家《山居圖》多矣【一二四】。又見張受益所收米帖内家書《与寅孫》，寅孫即友仁小字，蓋生於寅年，故山谷有「虎兒」之稱。

壬辰四月十七日，修竹携雜書帖來，其間有臨《拜月帖》及《九月四日》一帖，佳。又《蘭亭》一本入木者亦可觀【一二五】，又高麗紙畫四幅，亦可觀。他不足言也。

李公麟《山陰圖》藏子慶家，許玄度、王逸少、謝安石、支道林游山陰【一二六】，縫用米姓之印、「睿思東閣」印，南舒李伯時爲襄陽米芾作，公麟印甚奇。米元章與李伯時説許玄度、王逸

【一一〇】台州抵當庫　「抵」原作「紙」，據清抄本改。

【一一一】德用有閻立本畫　「有」原無，據清抄本補。

【一一二】殊與今时所畫獅子不同　学本作「殊與今时所謂師子者不同」。

【一一三】與舊本　原無，據清抄本補。

【一一四】京北府　學本作「北京」。

【一一五】一隻　學本作「二隻」。

【一一六】而琴平平　原作「而琴平」，據學本改。

【一一七】臨吴生畫本　「臨」原無，據清抄本補。

少、支道林、謝安石當時同游，遇於山陰，南唐顧閎中遂畫爲《山陰圖》，三英老僧寶之，莫肯示人【一二七】，伯時率然落筆，隨米老所説想像作此，瀟洒有山陰放浪之思。元豐壬戌正月二十五日与何益之、李君澤、魏季通同觀，李琮記。

壬戌正月過山陰，伯時作，迥若神明，頓還舊觀。襄陽米芾。

《山陰圖》，長沙作，一幅輕綃三尺濶，百歲丹青半塵脱。誰將光色借吴綾，神采森然動毫末？臨卷歎張芝，落筆入妙思。疏眉映朗目，白玉無泥滓。堂堂偉思長，想見坦腹姿。山陰道士，鶴目龜趺多秀氣；右領將軍，蕭散精神一片雲。東山太傅，落落龍驤兼虎步；潦倒支公，窮骨零丁少道風。仲殊作。

伯時爲米芾作《山陰圖》，精神蕭爽，令人應接不暇【一二八】，今歸希文家。宣和六年十二月十八日，子楚、師正同觀。

米書自作《上清儲祥宮碑》，川紙上大書，甚佳。本向若水泳家物【一二九】，後歸秋壑，今在修竹處。又《天衣禪師碑》一卷，亦米老書，正可與前卷爲對，藏蒸壁處。

李公麟畫《歸去來》，高宗御題。薛紹彭逐段書陶辭【一三〇】，且跋其後【一三一】。藏子慶家。

雪竇和尚自書詩後有諸公題跋，藏脩竹處。雪竇詩云：「有無盡是兩頭語，法祖因兹不立言。末代兒孫列户牖，一花五葉失真傳。永嘉雖問曹溪路，畢竟惟聞自己禪。根

【一二八】見者　原作「入吴」，據學本改。

【一二九】三幅　「三」原作「立」，據學本改。

【一三〇】恐非吴筆　「筆」原無，據學本補。

【一三一】義之快雪帖　原作「快雪帖義之」，據清抄本改。

【一三二】陶弘景　「弘」原作「宏」，徑改，作「宏」蓋避乾隆名諱。學本作「陶貞白」。案：陶弘景謚「貞白先生」。

【一三三】汝南公主墓志　「墓志」原無，據清抄本補。

【一三四】多矣　原無，據學本補。

器謦拔誠難遇，鑿透高原始出泉。」「道人詩句須君讀，老筆崢嶸自一家。誰會林間相見事【一三二】，莫都錯看亂飛花【一三三】。」紹聖四年十二月二十四日周仲仁觀。「百中神鋒誇妙手，當時破敵祇因機。餘花墮械無人見，半偈流傳豈易知？」元符三年建安陳師錫。「雪竇傍邊，又生一孔。北邙山上，千家萬家。兔角龜毛，竟將何用？子細思量，不如珍重、珍重、珍重！」浮休居士。「一幅昏昏半已空，何人寫出自爲工？從兹萬偈并千頌，擾亂春風卒未窮。」襄陽米芾。「真機昔振雲門路，祖席今多雪竇孫。傳到慧林花果盛，須知葉落總歸根。」崇寧二年鶴林居士葛蘩。「老子休去歇去，遺墨今傳古傳。想見本來面目，不離當處湛然。」崇寧癸未高郵徐文。

周子充丞相每得名人帖，必裝而藏之，逢當家子孫，輒舉以予之，曰：「此君家先人手澤也。」

趙子固效湯叔雅《霜入千林圖》【一三四】，作水仙一百一窠，中株最大，號「百花朝王」，其後自跋言效湯所爲詳悉。流落北方，子昂得之。

先子向寓杭，收異書，太廟前尹氏嘗以彩畫《三輔圖》一部求售，每一宮殿各繪畫成圖，甚精妙，酬價不諧，後爲衢人柴氏所得。近者左帑變賣禁中故書，聞有出相彩畫《本草》一部，極佳，不知流落何所。

郭祐之有御書十餘卷，内太祖者，河陽武林岡使身【一三五】，故乞差人充替，各有御筆

【一二五】入木者亦可觀　「木」原作「水」，不通，徑改。「亦可觀」，原無，據學本補。

【一二六】游山陰　原無，據清抄本補。

【一二七】示人　學本作「借傳」。

【一二八】應接不暇　「應」原作「顧」，據學本改。

【一二九】泳家物　「泳」原作「詠」，據粵本改

【一三〇】陶辭　原作「陶詞」，據學本改。

【一三一】且跋其後　「且」原作「止」，據學本改。

【一三二】誰會　學本作「誰謂」。

處分。時河南猶未下也，御筆上有用内合同印。太宗者，乃尹京時禁打捕榜，後有御押及行移，書字甚草草，可見五代文物苟簡，用開封府印，乾德□年。内者真宗數幅，其後臣僚奏狀既無銜位，亦只押而不書名，「臣臣臣」如此等，殊不可曉。徽宗數幅，皆處分諸事，由中書省進呈短奏，亦多不急之事，皆御筆親書「照已畫旨」及他云云。是時庶事皆不從廟堂關決，而獨斷細碎如此，於是乎失爲君之體矣。又太宗朝獲到河北奸細供狀，御批一一亦可觀。祐之許見博易【一三六】，然無有應之者。

壬辰八月朔，至蔣生家閲畫，幾數十軸，其絶妙者有：陸探微《摩利支菩薩》，青地細描，三首四臂，徽宗御題，并四角「宣和」、「政和」印及金書題「神品上上」。滕昌祐《拒霜野凫》，上有一大蟬。邊鸞《葵花》，五色花心皆凸出，數蜂皆抱花心不去。此物原楊駙馬家物也。朱繇《天王坐像》。徐熙山水人物，上有仁宗飛白「徐熙」二字，一騎從者十餘人。關仝山水。許道寧山水。黄筌《畫秋山詩意》，上有寫唐人八句。晞逸《夜景》二。句龍爽《孩兒》。郭熙《石》二，筆墨粗率，目以爲徐熙【一三七】，恐不然。董羽水石雙幅【一三八】。王端《出山佛》。千里雙大幅【一三九】，一以爲范蠡、西子，恐非。

張受益亦有一幅黄居寀《海棠折枝》。馬和之《二喬倚樓觀書》。崔白《貓》一，《魚》一。厲歸真《牛》。

【一三三】莫都錯看亂飛花　學本作「莫都錯亂看飛花」。

【一三四】湯叔雅　「湯」學本作「陽」，下同。

【一三五】武林岡　「林」學本作「陵」。「岡」清抄本作「綱」。

【一三六】博易　粤本作「傅易」。

【一三七】目以爲徐熙　原作「徐目以爲熙」，不通。學本作「徐目以爲徐熙」，首「徐」當为衍文，徑刪，餘據學本改「熙」爲「徐熙」。

【一三八】水石　學本作「山水石壁」。

【一三九】雙大幅　學本作「大双幅」。

圖書在版編目(CIP)數據

全宋筆記. 第 8 編. 1 / 上海師範大學古籍整理研究所編.— 鄭州 : 大象出版社, 2017. 6
ISBN 978-7-5347-9281-6

Ⅰ.①全… Ⅱ.①上… Ⅲ.①中國歷史—史料—宋代 Ⅳ. ①K244. 066

中國版本圖書館 CIP 數據核字(2017)第 130179 號

全宋筆記 第八編 一

出版人	王劉純
特約編輯	陳新
責任編輯	郭一凡
整體設計	張勝
出版發行	大象出版社
	鄭州市開元路16號(450044)
製版	上海杰申電腦排版有限公司
印刷	北京匯林印務有限公司
版次	2017年7月第1版2017年7月第1次印刷
開本	640mm×960mm 1/16 17.25印張
字數	201千字
印數	1—3000冊
定價	42.00元